essentials

Werner Gleißner · Remmer Sassen ·
Maximilian Behrmann

Prüfung und Weiterentwicklung von Risikomanagementsystemen

Ökonomische und aktienrechtliche Anforderungen

Werner Gleißner
Technische Universität Dresden,
FutureValue Group AG
Leinfelden-Echterdingen, Deutschland

Remmer Sassen
Universität Hamburg
Hamburg, Deutschland

Maximilian Behrmann
Universität Hamburg
Hamburg, Deutschland

ISSN 2197-6708   ISSN 2197-6716   (electronic)
essentials
ISBN 978-3-658-25566-4   ISBN 978-3-658-25567-1   (eBook)
https://doi.org/10.1007/978-3-658-25567-1

Die Deutsche Nationalbibliothek verzeichnet diese Publikation in der Deutschen Nationalbibliografie; detaillierte bibliografische Daten sind im Internet über http://dnb.d-nb.de abrufbar.

Springer Gabler ist ein Imprint der eingetragenen Gesellschaft Springer Fachmedien Wiesbaden GmbH und ist ein Teil von Springer Nature
Die Anschrift der Gesellschaft ist: Abraham-Lincoln-Str. 46, 65189 Wiesbaden, Germany

Was Sie in diesem *essential* finden können

- Bei der Prüfung eines Risikomanagementsystems ist zu untersuchen, ob dieses
  - den gesetzlichen Anforderungen genügt und
  - einen ökonomischen Mehrwert bietet (z. B. durch die Reduzierung von Risikokosten oder Kapitalkosten).
- Bei der Prüfung wird zunächst geklärt, ob dieses in der Lage ist mögliche „bestandsgefährdende Entwicklungen" (§ 91 Abs. 2 AktG) früh zu erkennen (auch solche aus Kombinationseffekten von Einzelrisiken).
- Bei der Prüfung sollte auch untersucht werden, ob das Risikomanagement durch Risikoanalysen erreichen kann, dass dem Vorstand bei der Vorbereitung „unternehmerischer Entscheidungen" „angemessene Informationen" (also speziell auch Risikoinformationen) vorliegen, wie in § 93 AktG gefordert.
- Prüfungs- und Revisionsstandards (wie z. B. der IDW-Prüfungsstandard 340) und der DIIR Nr. 2 sowie Checklisten zu Anforderungen an ein Risikomanagementsystem können bei einer fokussierten Prüfung des Risikomanagements helfen (und werden in diesem Buch vorgestellt).
- Das Buch erläutert drei sich ergänzende Strategien für eine fokussierte Prüfung von Risikomanagementsystemen und bietet konkrete Hilfsmittel für die Prüfungsarbeit (z. B. einen Katalog von Prüfungsfragen). Dabei wird auch eingegangen auf den neuen Prüfungsstandard des Deutschen Instituts für interne Revision (DIIR Nr. 2) von 2018, der erstmalig die Anforderungen aus §§ 91 und 93 AktG berücksichtigt.

Inhaltsverzeichnis

Einleitung und Problemstellung

1

In Deutschland wurde die Entwicklung des Risikomanagements von Unternehmen wesentlich geprägt durch das Gesetz zur Kontrolle und Transparenz im Unternehmensbereich (KonTraG) und dem darauf aufbauenden IDW Prüfungsstandard 340 zu Risikofrüherkennungssystemen. Das KonTraG wurde am 6. März 1998 vom Deutschen Bundestag verabschiedet und trat am 1. Mai 1998 in Kraft. Zentraler Bestandteil des KonTraG und Katalysator für das Risikomanagement ist der § 91 Abs. 2 AktG. Dieser fordert die Einrichtung eines Frühwarnsystems und präzisiert die Organisationspflicht des Vorstandes:

> Der Vorstand hat geeignete Maßnahmen zu treffen, insbesondere ein Überwachungssystem einzurichten, damit den Fortbestand der Gesellschaft gefährdende Entwicklungen früh erkannt werden.

In der Begründung des Deutschen Bundestages zum § 91 Abs. 2 AktG heißt es, dass die Verpflichtung des Vorstandes durch das Gesetz besonders hervorgehoben werden soll. Eine Verletzung der Sorgfaltspflichten durch den Vorstand kann zum Schadensersatz führen, stellt also ein persönliches Haftungsrisiko dar. Das KonTraG betrifft aber nicht nur Aktiengesellschaften. Es wird allgemein von einer Ausstrahlungswirkung auf andere Unternehmensformen ausgegangen.[1]

Die Gesetzesformulierung beinhaltet nur explizite Anforderungen an das Risikofrüherkennungssystem als den Teil des Risikomanagements, der dazu

---

[1]Vgl. *Freidank/Sassen*, in: Freidank/Velte (Hrsg.), Corporate Governance, Abschlussprüfung und Compliance. Neue Entwicklungen aus nationaler und internationaler Sicht, Berlin 2012, S. 169.

© Springer Fachmedien Wiesbaden GmbH, ein Teil von Springer Nature 2019   1
W. Gleißner et al., *Prüfung und Weiterentwicklung
von Risikomanagementsystemen*, essentials,
https://doi.org/10.1007/978-3-658-25567-1_1

dient, die Unternehmensführung über Risiken zu informieren – und zwar frühzeitig: Insbesondere soll damit *vor* einer Entscheidung (z. B. bezüglich einer Investition) klar sein, welche Implikationen diese für den zukünftigen Risikoumfang hätte und damit eine mögliche bestandsgefährdende Entwicklung durch diese angezeigt werden. Wie die Unternehmensführung mit den Risiken umgeht (Risikobewältigung) und unter Berücksichtigung der Risiken entscheidet, wird nicht durch den Gesetzestext expliziert.

Das Institut der Wirtschaftsprüfer in Deutschland e. V. (IDW) konkretisiert mit seinem Prüfungsstandard 340 (IDW PS 340) die Anforderungen an ein Risikomanagementsystem als Auslegungshilfe für die Jahresabschlussprüfung. Erstmalig beschlossen wurde der Prüfungsstandard am 25. Juni 1999 als Folge des KonTraG. Obwohl Prüfungsstandards keinen gesetzlichen Charakter haben, bestimmen sie regelmäßig die unternehmerische Praxis, da sie als Grundsätze ordnungsmäßiger Abschlussprüfung zu interpretieren sind und ihre Nichtbeachtung im Regressfall zum Nachteil des Wirtschaftsprüfers ausgelegt wird.[2] Der IDW PS 340 beinhaltet folgende Aspekte im Hinblick auf ein Risikomanagementsystem: 1) Festlegung der Risikofelder, 2) Risikoerkennung und Risikoanalyse, 3) Risikokommunikation, 4) Zuordnung Verantwortlichkeiten und Aufgaben, 5) Einrichtung eines Überwachungssystems und 6) Dokumentation getroffener Maßnahmen. Eine fehlende oder unvollständige Dokumentation führt zu Zweifeln an der dauerhaften Funktionsfähigkeit der getroffenen Maßnahmen.

Bei einer genaueren Betrachtung der in der Praxis implementierten Risikomanagementsysteme sind erhebliche Schwächen festzustellen und die Anforderungen des IDW PS 340 sind trotz erteilter Testierungen oft nicht erfüllt.[3] Wesentlich ist dabei, dass viele Verbesserungsmöglichkeiten, speziell bei den Prozessen, primär als „Feintuning" interpretiert werden können. Daneben gibt es jedoch eine Anzahl grundlegender methodischer Schwachpunkte des Risikomanagements, die den ökonomischen Nutzen vieler Risikomanagementsysteme infrage stellen. Bei der Weiterentwicklung von Risikomanagementsystemen und auch der (geplanten) Überarbeitung des IDW PS 340 empfiehlt es sich, eine klare Priorität auf diese Themen zu legen. Die vorliegenden Ausführungen

---

[2]Vgl. *Freidank,* Unternehmensüberwachung. Die Grundlagen betriebswirtschaftlicher Kontrolle, Prüfung und Aufsicht, München 2012, S. 169.

[3]Siehe empirische Studien z. B. *Angermüller/Gleißner,* Controlling 2011, S. 308–316; *Hoitsch/Winter/Baumann,* Controlling 2006, S. 69–78; *Hofmann/Fink,* Controller Magazin 2019, im Erscheinen und Ulrich/Scheuermann/Spitzenpfeil, Controller Magazin 2018, S. 62–68.

zielen darauf ab, solche „kritischen Schwächen" im Risikomanagement sowie in der wert- und risikoorientierten Unternehmensführung zu diskutieren und damit Ansatzpunkte für eine fokussierte Weiterentwicklung und Prüfung des Risikomanagements aufzuzeigen. Viele zentrale Aspekte werden dabei – anders als im älteren IDW PS 340 – im neuen DIIR Revisionsstandard Nr. 2 für die Prüfung des Risikomanagements (von November 2018) bereits berücksichtigt.

Die oben erläuterten zentralen rechtlichen und ökonomischen Anforderungen an das Risikomanagement waren die Grundlage für die Entwicklung des neuen Prüfungsstandards DIIR Nr. 2. Es ist der erste Prüfungsansatz, der die Vielzahl neuer Entwicklungen im Risikomanagement aufgreift und in einem Prüfungsstandard integriert, der klar auf die Erfüllung aller zentralen gesetzlichen Anforderungen – auch den Implikationen von § 93 AktG – ausgerichtet ist. Er hat in dieser Hinsicht sehr ausgeprägte Vorteile gegenüber dem „alten" DIIR Nr. 2 und auch gegenüber den älteren Standards des Deutschen Instituts für Wirtschaftsprüfer (IDW PS 340 und IDW PS 981), die z. B. auf die Implikationen aus § 93 AktG gar nicht eingehen (und sich entsprechend nicht mit der Frage befassen, ob und inwieweit Risikoanalysen auch bei wesentlichen „unternehmerischen Entscheidungen" einbezogen werden).

Der Revisionsstandard empfiehlt eine Prüfung des Risikomanagementsystems entsprechend eines Phasenmodells (siehe Abb. 1.1).

Die interne Revision hat Angemessenheit und Wirksamkeit der Maßnahmen und Kontrollen zur internen Risikosteuerung zu beurteilen.[4] Hervorzuheben ist zunächst, dass der neue DIIR Nr. 2 nun erstmals zwei große Prüfungsfelder deutlich getrennt aufzeigt:

1. Die Prüfung von Organisation und Prozessen im Risikomanagement sowie
2. Die Prüfung der im Risikomanagement eingesetzten betriebswirtschaftlichen Methoden (z. B. zur Risikoquantifizierung und Risikoaggregation).

Ein in vielen Studien zum Risikomanagement aufgezeigtes Problem besteht bisher nämlich darin, dass die Prüfung des Risikomanagements bisher primär auf Organisation und Prozesse ausgerichtet war (z. B. die Prozesse zur Risikoanalyse, Risikoüberwachung oder Risikoreporting). Ob die hier genutzten Methoden aber

---

[4]Siehe DIIR Nr. 2 RZ 64.

Abb. 1.1 Phasenmodell des Risikomanagements (aus DIIR Revisionsstandard Nr. 2, S. 11)

überhaupt geeignet sind, um den (gesetzlichen) Zielen des Risikomanagements gerecht zu werden, wurde mit deutlich weniger Intensität betrachtet. Eine Konsequenz ist, dass in vielen Unternehmen trotz oft recht ordentlichen Risikomanagementprozessen und einer sachgemäßen Organisation zugleich gravierende methodische Defizite bestehen, beispielsweise dergestalt, dass durch das Fehlen einer adäquaten Methode für die Risikoaggregation gar nicht beurteilt werden kann, ob „bestandsgefährdende Entwicklungen" aus Kombinationseffekten von Einzelrisiken auftreten können.

Besonders hervorzuheben sind zudem insbesondere folgende Aspekte des DIIR Nr. 2:

1. Risiko wird verstanden als Überbegriff zu möglichen positiven Abweichungen (Chancen) und möglichen negativen Abweichungen (Gefahren, Risiken im engeren Sinn).[5]

---

[5]Siehe RZ 15.

2. Mit Bezug auf die gesetzliche Anforderung aus § 91 (2) AktG im Hinblick auf die Erkennung möglicher „bestandsgefährdender Entwicklungen" wird die Methode zur Risikoaggregation zum zentralen Prüfungsfeld (weil nur so gewährleistet werden kann, dass auch mögliche bestandsgefährdende Entwicklungen aus Kombinationseffekten von Einzelrisiken erfasst werden).[6]

Dazu heißt es in RZ 60:

Die Methode der Risikoaggregation, die gewährleistet, dass auch die Kombinationseffekte von Einzelrisiken im Hinblick auf eine sich daraus ergebende bestandsgefährdende Entwicklung erkannt werden, ist zu prüfen.

3. Da Risikoaggregation eine Risikoquantifizierung erfordert, wird diese zum Prüffeld für die Interne Revision (RZ 58):

4. Der DIIR Revisionsstandard Nr. 2 betont zudem die Notwendigkeit der Quantifizierung von Risiken (ganz auf Linie des IDW PS340) und empfiehlt die darauf aufbauende Messung der Risikotragfähigkeit.[7]

5. Von grundlegender Bedeutung ist es, dass bei der Prüfung des Risikomanagements auch schon die Implikationen aus § 93 AktG im Hinblick auf ein „entscheidungsorientiertes Risikomanagement" berücksichtigt werden. Entsprechend klar wird zu den Aufgaben des Risikomanagements ausgeführt (siehe RZ 16):

„Es gehört auch zu den Aufgaben des Risikomanagements sicherzustellen, dass schon bei der Vorbereitung wesentlicher unternehmerischer Entscheidungen deren Implikationen für den zukünftigen Risikoumfang nachvollziehbar aufgezeigt werden, um zumindest eine mit solchen Entscheidungen möglicherweise einhergehende bestandsgefährdende Entwicklung früh zu erkennen. Neben bereits vorhandenen Risiken sind damit durch das Risikomanagement insbesondere auch geplante Maßnahmen und Entscheidungen zu betrachten, speziell im Hinblick auf durch diese möglicherweise verursachten zukünftigen Risiken."

---

[6]Siehe RZ 19.

[7]Siehe RZ 21 und RZ 22. Dazu wird in RZ 53 erläutert:

Die Risikotragfähigkeit kann oft auch über eine Abschätzung der maximalen Risikowirkung (z. B. in Euro), die eine Organisation überstehen kann, gemessen werden.

Weiter heißt es in RZ 54:

Damit wird die Risikotragfähigkeit über das wirtschaftliche Eigenkapital erfasst, das als Haftungsmasse zur Vermeidung einer Überschuldung zur Verfügung steht. Da Insolvenzen auch durch Zahlungsunfähigkeit ausgelöst werden, sind weitergehende Risikotragfähigkeitskonzepte sinnvoll.

6. Anders als in früheren Standards wird klar ausgedrückt, dass die Prüfung eines Risikomanagementsystems sich sowohl auf 1) die betriebswirtschaftlichen Methoden als auch auf 2) Organisation und Systemaufbau zu beziehen hat (organisatorisch nimmt der Standard Bezug auf das Three-Lines-of-Defense-Modell (siehe RZ 61)).

7. Der DIIR Nr. 2 betont die Bedeutung einer Risikokultur und macht sie zum Prüfungsgegenstand.[8]

8. Der strategische Fokus des Risikomanagements wird – ähnlich wie auch in der neuen Version von COSO Enterprise Risk Management (ERM) von 2017 – hervorgehoben. Der Fokus bei der Risikoidentifikation sind gemäß DIIR Nr. 2 strategische Risiken (sowie unsichere Planannahmen).

9. Die Einbeziehung anderer Managementsysteme, z. B. des Controllings, in die Prüfung des Risikomanagements, sofern sich diese mit Risiken befassen, wird im neuen DIIR Nr. 2 klar ausgedrückt (RZ 45).

10. Der Revisionsstandard stellt klar, dass das wesentliche Ziel der Risikoberichterstattung und -kommunikation darin besteht, dass Entscheidungsträger und Aufsichtsorgane zeitnah über die Risikolage der Organisation informiert werden (RZ 70).

Der DIIR Nr. 2 ist infolge dessen heute der am besten geeignete Standard für die Prüfung des Risikomanagements und weist entsprechend die größte Übereinstimmung mit den in diesem Buch erläuterten Verfahren für eine fokussierte Prüfung von Risikomanagementsystemen auf.

Vor dem Hintergrund der wesentlichen gesetzlichen und ökonomischen Anforderungen werden in Kap. 2 kritische Schwächen der aktuellen Ausgestaltung von Risikomanagementsystemen herausgearbeitet. Dabei werden die folgenden sieben Problemfelder betrachtet:

1. Nutzen und Stand des Risikomanagements (Abschn. 2.1)
2. Präzisierung der aktienrechtlichen Begriffe „bestandsgefährdende Entwicklung", „Überwachungssystem" und „früh" (Abschn. 2.2)
3. Operationalisierung des Begriffs „bestandsgefährdend" im Kontext des Rating (Abschn. 2.3)

---

[8]In RZ 38 liest man:

> Basis für ein effektives Risikomanagementsystem ist eine Risikokultur, die einen offenen Umgang mit Risiken unterstützt.

4. Betrachtung seltener und potenziell bestandsgefährdender Extremrisiken (Abschn. 2.4)
5. Auswertung der Kombinationseffekte von Risiken und Risikoaggregation (Abschn. 2.5)
6. Erfassung implizit im Unternehmen erfasster Risiken und die Verknüpfung von Risikomanagement und Controlling, Qualitätsmanagement, IKS Compliance (Abschn. 2.6)
7. Nutzung von Risikoinformationen bei der Entscheidungsvorbereitung und die Stellung des Risikomanagers (Abschn. 2.7)

Vor einer Zusammenfassung der wesentlichen Implikationen werden in Kap. 3 die Konsequenzen für die Prüfung des Risikomanagements durch den Wirtschaftsprüfer erläutert. Dies betrifft zunächst die normativen Anforderungen an die Prüfung sowie eine kompakte Darstellung des risikoorientierten Prüfungsansatzes und der Prüfung der Going-Concern-Prämisse. Aufbauend werden risikobezogene Aspekte der Prüfung einzelner Posten des Jahresabschlusses und des Lageberichts herausgearbeitet. Kap. 4 zeigt praktische Aspekte der Prüfung des Risikomanagements auf und geht dabei auf Strategien zur Prüfung des Risikomanagements sowie auf Prüffragen für ein Reifegradmodell für die risikoorientierte Unternehmensführung ein. Dabei werden insbesondere auch die Themen aufgegriffen, die auch im neuen DIIR Nr. 2 betrachtet werden, so dass die Prüffragen auch als Leitlinie für eine Prüfung in Anlehnung an den DIIR Nr. 2 genutzt werden können. Abschließend beinhaltet Kap. 5 ein Fazit und Implikationen der Analysen.

Kritische Schwächen der aktuellen Ausgestaltung von Risikomanagementsystemen

2.1 Nutzen und Stand des Risikomanagements

Für die Weiterentwicklung und fokussierte Prüfung des Risikomanagements ist es nützlich zu wissen, welcher ökonomische Mehrwert erreichbar ist. Bei einer nicht sicher vorhersehbaren Zukunft ist es für die Unternehmensführung offensichtlich bedeutsam Chancen und Gefahren (Risiken), die Planabweichungen auslösen können, zu kennen und im Entscheidungskalkül adäquat zu berücksichtigen. Auch empirische Studien belegen in der Zwischenzeit, dass die Qualität des Risikomanagements und der Umfang der „fundamentalen Unternehmensrisiken" für Erfolg und Wertentwicklung der Unternehmen bedeutend und positiv ist[1].

Es ist eine Aufgabe des Risikomanagements, die Streuung bzw. die Schwankungsbreite der Erträge zu reduzieren, also die Planungssicherheit zu erhöhen. Hierdurch ergeben sich folgende Vorteile für das Unternehmen:[2]

1. Die Reduzierung der Schwankungen erhöht die Planbarkeit und Steuerbarkeit eines Unternehmens, was das erwartete Ertragsniveau verbessert.[3]

---

[1]Siehe *Walkshäusl,* CF biz 2013, S. 119–123 sowie die Zusammenfassung von weiteren empirischen Studien bei *Gleißner,* CF 2014, S. 151–167.

[2]Vgl. *Hommel/Pritsch,* in: Gleißner/Romeike (Hrsg): Praxishandbuch Risikomanagement, Berlin 2015, S. 935–950; *Gleißner,* Grundlagen des Risikomanagements im Unternehmen, 2. Aufl., München 2011 und *Kürsten,* Journal für Betriebswirtschaft 2006, S. 3–31 zu den theoretischen Grundlagen.

[3]Vgl. *Amit/Wernerfelt,* Academy of Management Journal 1990, S. 520–533 und *Baule/Ammann/Tallau,* WiSt 2006, S. 62–65.

© Springer Fachmedien Wiesbaden GmbH, ein Teil von Springer Nature 2019

W. Gleißner et al., *Prüfung und Weiterentwicklung von Risikomanagementsystemen,* essentials, https://doi.org/10.1007/978-3-658-25567-1_2

2. Eine prognostizierbare Entwicklung der Zahlungsströme reduziert die Wahrscheinlichkeit, unerwartet auf teure externe Finanzierungsquellen zurückgreifen zu müssen oder Covenants zu verletzen.[4]

3. Eine Verminderung der risikobedingten Schwankungsbreite der zukünftigen Zahlungsströme senkt die Kapitalkosten und wirkt sich positiv auf den Unternehmenswert aus.[5]

4. Stabilere Erträge sind im Interesse der Fremdkapitalgeber, was sich in einem guten Rating[6], einem vergleichsweise hohen Finanzierungsrahmen für Investitionen und günstigen Kreditkonditionen widerspiegelt.

5. Eine stabile Ertragsentwicklung reduziert die Wahrscheinlichkeit einer Insolvenz und damit die Insolvenzkosten und die „kalkulatorischen Eigenkapitalkosten", was ebenfalls positiv auf den Unternehmenswert wirkt.[7]

6. Eine höhere Stabilität der Cashflows und damit c.p. eine niedrigere Insolvenzwahrscheinlichkeit sind im Interesse von Arbeitnehmern, Kunden und Lieferanten, was es erleichtert, qualifizierte Mitarbeiter zu gewinnen und langfristige Beziehungen zu Kunden und Lieferanten aufzubauen.

7. Bei einem progressiven Steuertarif haben zudem Unternehmen mit schwankenden Gewinnen Nachteile gegenüber Unternehmen mit kontinuierlicher Gewinnentwicklung.

8. Zudem bietet eine Risikoanalyse und damit Transparenz über Risiken die Voraussetzung, um bei der Vorbereitung unternehmerischer Entscheidungen Ertrag und Risiko abzuwägen (z. B. über die Berechnung risikogerechter Kapitalkosten als Renditeanforderung).

Die hier genannten Nutzenpotenziale verdeutlichen, dass Risikomanagement nur unter den stark idealisierten Annahmen eines vollkommenen Kapitalmarkts keinerlei Bedeutung hat und insbesondere keinen positiven Beitrag zum Unternehmenswert leisten kann.[8] Der Transfer von Risiken (z. B. durch den Kauf von

---

[4]Pecking-Order-Theorie von *Myers/Majluf,* Journal of Financial Economics 1984, S. 187–221.

[5]Dies gilt, wenn entweder systematische Risiken (kostengünstig) reduziert werden können oder auch unsystematische (unternehmensspezifische) Risiken bewertungsrelevant sind. Vgl. *Gleißner,* WPg 2015, S. 72–80.

[6]Vgl. die Studie von *Schmidt/Obermüller,* DBW 2014, S. 41–65.

[7]*Gleißner,* WPg 2010, S. 735–743, ins. zur Wirkung der Insolvenzwahrscheinlichkeit, die man als „negative Wachstumsrate" interpretieren kann.

[8]Siehe *Kürsten,* Journal für Betriebswirtschaft 2006, S. 3–31.

Optionen auf Rohstoffpreise) führt dann durch die eingesetzten Instrumente zu Kosten, die in einem vollkommenen Kapitalmarkt die Vorteile der reduzierten Risiken gerade kompensieren. Gemäß der Modigliani-Miller-Thesen[9] hat auch die Veränderung des Verschuldungsgrades oder der Ausschüttungspolitik (und damit der Risikotragfähigkeit) keine Auswirkungen auf den Unternehmenswert[10], weil jeder beliebige Verschuldungsgrad durch die Eigentümer durch eine teilweise Fremdfinanzierung ihrer Aktien selbst abgebildet werden kann. Die Bedeutung des Risikomanagements ergibt sich erst durch die vielfältigen Marktunvollkommenheiten, also z. B. durch die Existenz von Insolvenzkosten, von Finanzierungsrestriktionen (limitierte Verschuldungsmöglichkeit) und der nicht perfekten Diversifikation der Vermögenspositionen von Anlegern, die auch die unternehmensspezifischen Risiken bewertungsrelevant machen. Gerade mittelständische Unternehmer, die den Großteil ihres Vermögens im eigenen Unternehmen investiert haben, erreichen einen Vorteil durch die Berücksichtigung unternehmensspezifischer Risiken.[11] Nur in einer idealen – aber nicht realen – Modellwelt, wie sie in den klassischen Kapitalmarktmodellen (z. B. den Modigliani-Miller-Thesen und dem CAPM) zum Ausdruck kommen, erübrigt sich die Auseinandersetzung mit den unternehmensbezogenen Risiken. In realen Unternehmen, die auf realen Absatz- und Kapitalmärkten agieren, trägt Risikomanagement potenziell wesentlich zum Unternehmenserfolg bei, was die oben genannten Vorteile verdeutlichen.

So belegt *Walkshäusl*[12] in einer empirischen Studie für den deutschen Aktienmarkt (Juli 1983 bis Dezember 2011), dass Industrieunternehmen mit niedrigeren fundamentalen Unternehmensrisiken eine überdurchschnittliche Rendite am

---

[9]Siehe *Modigliani/Miller,* American Economic Review 1958, S. 261–297.

[10]Wegen Arbitragefreiheit.

[11]Siehe z. B. *Kerins/Smith/Smith,* Journal of financial and quantitative analysis 2004, S. 385–405; *Müller,* Underdiversification in Private Companies – Required Returns and Incentive Effects (http://www.fbv.kit.edu/symposium/10th/papers/Mueller%20-%20Underdiversification%20in%20Private%20Companies%20-%20Required%20Returns%20and%20Incentive%20Effects.pdf; Stand: 03.12.2015) und *Torous/Brennan,* Economic Notes 1999, S. 119–143.

[12]Vgl. *Walkshäusl,* CF biz 2013, S. 119–123.

Aktienmarkt erreichen.[13] *Walkshäusl* orientiert sich an der Studie von *Joyce und Mayer*[14], die für den US-amerikanischen Aktienmarkt belegt haben, dass Unternehmen mit niedrigerem Verschuldungsgrad (Leverage) und niedrigerem Ertragsrisiko (Gewinnvolatilität) höhere bilanzielle Eigenkapitalrentabilität (Return on Equity) und auch höhere Kapitalmarktrenditen erreichen.[15]

Smithson und Simkins (2008) untersuchen in ihrer Meta-Studie eine Vielzahl empirischer Arbeiten über den Wertbeitrag des Risikomanagements, die sich z. B. mit dem Zusammenhang zwischen der Cash-flow-Volatilität und dem Unternehmenswert befassen und fassen die Ergebnisse wie folgt zusammen:[16]

> „Contrary to the implications of the capital asset pricing model (CAPM), the findings of academic studies suggest that financial price risks can affect the expected returns on stocks and hence stock prices themselves. For example, there is clear evidence that the equity returns of financial institutions are sensitive to interest rate changes. And industrial companies with foreign sales and cash flows exhibit greater sensitivity to foreign exchange rate changes than most wholly domestic firms. … Is there any direct evidence that risk management increases firm value? The answer is yes, but the evidence is fairly limited as yet."

Die Studien bestätigen tendenziell auch, dass eine Reduzierung der Cash-flow-Volatilität die Wahrscheinlichkeit für Krisen reduziert und sich die Möglichkeiten verbessern, wertsteigernde Investitionen durchzuführen.

---

[13]Siehe zu ähnlichen Ergebnissen auch die schon ältere Studie für den amerikanischen Aktienmarkt von *Haugen,* The New Finance – Overreaction, Complexity, and Uniqueness, 3. Aufl., New Jersey 2004 sowie zu den Hintergründen des Rendite-Risiko-Paradoxons *Bowman,* Sloan-Management Review 1980, S. 17–33 und *Wiemann/Mellewigt,* zfbf 1998, S. 551–572. Ergänzend untersucht *Walkshäusl,* CF biz 2013, S. 119–123 inwieweit die überdurchschnittliche Rendite der Unternehmen mit niedrigen Fundamentalrisiken durch das Fama-French-Modell erklärt werden können. Es ist interessant, dass das Portfolio mit den niedrigen Fundamentalrisiken keine signifikante Ausprägung der Koeffizienten für SMB (Size-Effect) und HML (Value-Effekt) aufweist, und damit die enthaltenen Aktien weder als Growth-Werte noch als Value-Werte klassifiziert werden können.

[14]Vgl. *Joyce/Mayer,* Profits for the Long Run: Affirming the Case for Quality (http://csinvesting.org/wp-content/uploads/2012/06/gmo_wp_-_2012_06_-_profits_for_the_long_run_-_affirming_quality.pdf; Stand: 20.03.2019).

[15]Vgl. auch *Michelson/Jordan-Wagner/Wootton,* Journal of Economics and Finance 2000, S. 141–159. Das Ertragsrisiko (Gewinnfluktuation) wird als Variationskoeffizient des Bilanzgewinns über die vergangenen drei Geschäftsjahre operationalisiert und der Verschuldungsgrad (Leverage) definiert als Verhältnis des Fremdkapitals zum Eigenkapital (gemäß Bilanzwert).

[16]*McShane/Nair/Rustambekov,* Journal of Accounting, Auditing & Finance 2011, S. 641–658.

Empirische Studien zeigen auch die noch ganz erheblichen nicht erschlossenen Potenziale.[17] Besonders schwerwiegend sind die Defizite bezüglich Risikoquantifizierung, Risikoaggregation und der Nutzung von Risikoinformationen bei der Entscheidungsvorbereitung.

Nachfolgend werden – orientiert am Potenzial und Status – des Risikomanagements Vorschläge für Wertentwicklung in den Unternehmen zusammengestellt, die auf eine Erfüllung der gesetzlichen Anforderungen und einen ökonomischen Mehrwert zielen. Damit wird auch gezeigt, wo bei der Prüfung des Risikofrüherkennungssystems Schwerpunkte zu setzen sind, die entsprechend auch so in einem Prüfungsstandard zu finden sein sollten.

2.2   Präzisierung der aktienrechtlichen Begriffe „bestandsgefährdende Entwicklung", „Überwachungssystem" und „früh"

Im Hinblick auf die Formulierung von § 91 Abs. 2 AktG werden immer wieder einige Sachverhalte diskutiert (oder missverstanden), die hier zunächst kurz angesprochen werden und in einem Prüfungsstandard klargestellt werden sollten:[18]

a) „Bestandsgefährdende Entwicklung": Gemäß § 91 Abs. 2 AktG soll auf „bestandsgefährdende Entwicklungen" hingewiesen werden. Es ist wichtig zu bedenken, dass bestandsgefährdende Entwicklungen nicht etwa nur bestandsgefährdende Einzelrisiken sind. Auch eine Situation, in der durch die kombinierte Auswirkung mehrerer an sich nicht bestandsgefährdender Einzelrisiken sich eine Bestandsgefährdung des Unternehmens ergibt, ist zu beachten (vgl. Abschn. 2.5). Damit ist die Notwendigkeit einer Risikoaggregation im IDW PS 340 nicht nur ökonomisch sinnvoll, sondern im Hinblick auf die Erfüllung der gesetzlichen Anforderung geboten. Der Vollständigkeit halber ist zu erwähnen, dass selbst eine plan- oder trendmäßige Entwicklung, die also nicht durch Risiken verursacht ist, Gegenstand von § 91 Abs. 2 AktG ist, sofern

---

[17]Siehe beispielsweise *Berger/Gleißner,* Zeitschrift für Corporate Governance 2007, S. 62–68; *Angermüller/Berger,* Risiko Manager 2010, S. 16–24; *Angermüller/Gleißner,* Controlling 2011, S. 308–316; *Hoitsch/Winter/Bächle,* Zeitschrift für Controlling und Management 2005, S. 125–133; *Hoitsch/Winter/Baumann,* Controlling 2006, S. 69–78; *Crasselt/Pellens/Schmidt,* Controlling 2010, S. 405–410 sowie *Henschel/Busch,* Controller Magazin 2015, S. 66–73; *Hofmann/Fink,* Controller Magazin 2019, im Erscheinen und *Ulrich/Scheuermann/Spitzenpfeil,* Controller Magazin 2018, S. 62–68.

[18]Vgl. *Gleißner,* Der Betrieb 2018, S. 2769–2774.

sie zu einer Bestandsgefährdung führen kann. So ist beispielsweise selbst ein weitgehend sicherer kontinuierlicher Verlust mit Geldabfluss oder eine weitgehende Entnahme des Risikodeckungspotenzials durch die Eigentümer eine bestandsgefährdende Entwicklung (vgl. Abschn. 2.3).

b) „Überwachungssystem": Im Einklang mit dem Schrifttum ist davon auszugehen, dass das Überwachungssystem in einem umfassenden Sinne zu verstehen ist. Das Risikomanagementsystem im weiteren Sinn schließt dabei auch das interne Kontrollsystem, die interne Revision und insbesondere das Controlling ein (vgl. Abschn. 2.6).[19]

c) „Früh": Es ist zur Sicherung der Handlungsfähigkeit naheliegend, dass das Überwachungssystem auf eine möglichst frühzeitige Identifikation bestandsgefährdender Entwicklungen auszurichten ist. Was im Einzelfall ausreichend frühzeitig ist, ist sicherlich nicht einfach zu beurteilen. Das Erkennen einer bestandsgefährdenden Entwicklung erfordert, dass die dafür notwendigen Informationen prinzipiell (und mit vertretbarem Aufwand) zu beschaffen sind. „Früh" bedeutet aber mindestens, dass bestandsgefährdende Entwicklungen, die sich durch zusätzliche Risiken infolge einer Entscheidung des Vorstands ergeben können, *vor dieser* Entscheidung, in den Implikationen für die „Bestandssicherheit" des Unternehmens betrachtet werden müssen (vgl. Abschn. 2.7).

Ergänzend sei noch auf zwei andere Worte im Gesetzeslaut kurz eingegangen. Zum einen ist ausdrücklich die Verantwortung des Vorstands als Organ angesprochen – und nicht etwa eines speziellen Vorstandsmitglieds. Es erscheint daher grundsätzlich problematisch, wenn ein einzelnes Vorstandsmitglied, das selbst maßgeblich Einfluss auf den Umfang von Risiken nehmen kann, durch das ihm unterstellte zentrale Risikomanagement bevorzugt informiert wird und gar Gelegenheit erhält, Risikoeinschätzungen zu beeinflussen.

Im Gesetz wird außerdem ausdrücklich erwähnt, dass es um das „Erkennen" bestandsgefährdender Entwicklungen geht und nicht etwa um deren (manchmal gar nicht möglichen) Vermeidung. In der Hinsicht ist verständlich, dass der Gesetzgeber hier von einem Kontroll- und Transparenzgesetz spricht. Es gibt keinen Eingriff durch dieses Gesetz in die Entscheidungsfreiheit der Unternehmensführung

---

[19]Siehe z. B. *Löhr,* Integriertes Risikocontrolling für Industrieunternehmen: Eine normative Konzeption im Kontext der empirischen Controllingforschung von 1990 bis 2009, Frankfurt 2010; *Sassen,* Controlling 2012, S. 323–329 und *Graumann,* WISU 2014, S. 317–320.

und selbst „bestandsgefährdende Entwicklungen" sind nicht grundsätzlich auszu-schließen.[20] Damit fordert § 91 Abs. 2 AktG klar Fähigkeiten in der Beurteilung der Risikosituation, nicht aber spezielle Fähigkeiten z. B. im Bereich der Risiko-bewältigung. Es geht darum aufzuzeigen, ob (insbesondere aus den) Risiken „bestandsgefährdende Entwicklungen" entstehen können. Wesentlich ist dabei, dass der hier maßgebliche Risikoumfang gerade abhängig ist von den sogenannten „Netto-Risiken", also der Menge der nicht bewältigten Risiken, die das Unter-nehmen unter Berücksichtigung der vorhandenen Risikobewältigungsmaßnahmen zu tragen hat.[21]

2.3 Operationalisierung des Begriffs „bestandsgefährdend" im Kontext des Rating

Um nachvollziehbar bestandsgefährdende Entwicklungen identifizieren zu kön-nen, ist zunächst eine klare Definition und Operationalisierung von „bestands-gefährdend" notwendig.[22] Spätestens seit Basel II und den Erfahrungen der Wirtschafts- und Finanzkrise ist klar, dass der Grad der Bestandsgefährdung durch das (zukünftige) Rating als Ausdruck der Insolvenzwahrscheinlichkeit (oder Überlebenswahrscheinlichkeit) ausgedrückt wird. Jedes Unternehmen weist ein – und sei es auch geringes – Insolvenzrisiko aus und damit ist die Bestands-gefährdung nie völlig ausgeschlossen. Die Aussage, es gäbe keine bestands-gefährdenden Entwicklungen, ist daher bei genauer Betrachtung immer falsch. Es kann jedoch sein, dass das Unternehmen bei der aktuellen Strategie und Pla-nung (und der damit verbundenen Risikodeckungspotenziale) momentan eine Insolvenzwahrscheinlichkeit von p bzw. kleiner p^{max} aufweist, was vereinfachend so interpretiert werden kann, dass keine „relevante" Bestandsgefährdung auf-tritt. Festzulegen ist allerdings die „kritische" Insolvenzwahrscheinlichkeit p^{max}, die am einfachsten über das angestrebte bzw. akzeptierte Rating operationali-siert werden kann. So entspricht ein „BBB-Rating" etwa einer Insolvenzwahr-scheinlichkeit von 0,5 %; ein „BB-Rating" einer von 1 % und ein „B-Rating"

---

[20]Diese kann gerechtfertigt sein, wenn der Bestandsgefährdung z. B. eine außerordentliche Erhöhung des Aktionärsvermögens in all denjenigen Szenarien entgegensteht, in denen das Unternehmen überlebt.

[21]Siehe dazu *Gleißner*, Grundlagen des Risikomanagements, 3. Aufl., München 2016.

[22]Vgl. weiterführend *Gleißner*, Der Betrieb 2017, S. 2749–2754.

einer von 5 %.[23] Im Hinblick auf „bestandsgefährdende Entwicklungen" muss also zunächst klargestellt werden, ab welcher Insolvenzwahrscheinlichkeit von einer „Bestandsgefährdung" auszugehen ist. Bei der Beurteilung der Bestandsgefährdung sind alle Sachverhalte zu berücksichtigen, die „bestandsgefährdende Entwicklungen" im Sinne des § 91 Abs. 2 AktG zur Konsequenz haben können. Im Kontext der Insolvenzordnung[24] ist mit den bekannten Einschränkungen bei der Überschuldung insbesondere an Illiquidität zu denken. In der Praxis wird schon das Unterschreiten eines im Allgemeinen notwendigen Mindestratings (B-Rating) oder die Verletzung von Covenants, die eine Kreditkündigung zur Konsequenz haben, als eine bestandsgefährdende Entwicklung aufzufassen sein.

2.4 Betrachtung seltener und potenziell bestandsgefährdender Extremrisiken

Die Betrachtung des Risikoinventars der meisten Unternehmen zeigt, dass insbesondere Risiken mit vergleichsweise geringer Eintrittswahrscheinlichkeit – aber hohen Auswirkungen – nur relativ rudimentär und nicht systematisch erfasst werden. Dies ist die typische Konsequenz eines (an sich sinnvollen) Risikoanalyse- und Risikoüberwachungsansatzes, bei dem Fachexperten Risiken einschätzen, da diese sich am üblichen Beobachtungs- und Erfahrungshorizont orientieren. Sehr seltene, noch nicht beobachtete oder gar nicht eingetretene, aber denkbare Extremrisiken werden damit tendenziell vernachlässigt. Erfahrungsgemäß ist z. B. auch die für die Risikoquantifizierung genutzte Dreiecksverteilung gut nutzbar, solange man sich mit den 95 % der „üblichen" Fälle befasst – mögliche Extremauswirkungen nach oben oder unten (Chancen und Gefahren) werden dagegen ausgeblendet. Auch bei der Quantifizierung von marktbezogenen Größen (z. B. Nachfrage, Rohstoffpreise) durch die Normalverteilung ist bekannt, dass diese an den „Rändern" (Tales) Risiken unterschätzt.

Zielsetzung eines auf die Früherkennung bestandsgefährdender Entwicklungen ausgerichteten Risikomanagements sollte es sein, strukturiert auch die potenziell bestandsgefährdenden Extremrisiken systematisch zu erfassen. Da Risiken mit einer Eintrittswahrscheinlichkeit von 5 % oder 10 % keinesfalls bestandsgefährdend sind, muss die Ausrichtung des Risikomanagements als Instrument der

---

[23]Vgl. die Rating-Tabelle von Standard & Poor's, z. B. bei *Gleißner,* WPg 2010, S. 735–743.
[24]Siehe auch IDW S 6.

Früherkennung von möglichen Krisen- oder Insolvenzszenarien auch auf Risiken ausgerichtet sein, die mit geringer Eintrittswahrscheinlichkeit hohe Wirkungen haben.

Für die strukturierte Identifikation von Extremrisiken existieren verschiedene kombinierbare Techniken:[25]

- Skalierung: Bei dieser Methode wird ausgehend von bereits bekannten Risiken (im Expertengespräch) diskutiert, welche bisher noch nicht betrachteten „Extremauswirkungen" sich aus diesem Risiko ergeben könnten (das Risiko wirkt „gestresst"). Realistische Obergrenzen und Maximalausprägungen der Auswirkung eines Risikos sind dabei zu beachten. Oft führt eine solche Skalierung zu einer Erweiterung der Perspektive (Definition) eines Risikos, z. B. weil von der bisherigen Betrachtung eines Einzelrisikos (z. B. Bürgerkrieg in einem relevanten Staat) übergegangen wird auf „Mehrfachereignisse" (Bürgerkrieg in gleichzeitig mehreren relevanten Staaten), was wiederum zur Diskussion von gemeinsamen Einflussfaktoren (stochastischen Abhängigkeiten) führt.
- Neukombination: Mit Hilfe von Techniken der Szenarioanalyse kann man strukturiert Kombinationen aus bekannten Einzelereignissen oder Einzelrisiken generieren und untersuchen, welche Auswirkungen diese „in der Kombination" hätten. Oft stellt man dabei fest, dass bestimmte „kritische Kombinationen" zu einem massiv überproportionalen Anstieg der Wirkung führen würde (also wesentlich stärkerer Anstieg als eine simple Addition). Dies ist z. B. der Fall, wenn
  - durch ein Einzelereignis bereits die notwendigen „Reserveressourcen" verbraucht sind, sodass die Wirkung eines zweiten Ereignisses deutlich größer wird (Feuerwehr ist mit dem ersten Brand beschäftigt, während ein zweiter aufflackert) oder
  - nicht lineare (multiplikative, exponentielle) Abhängigkeiten zwischen Faktoren bestehen.
- Abhängigkeitsanalyse: Bei einer Abhängigkeitsanalyse wird für Unternehmen, Geschäftsbereiche, Projekte oder Investments systematisch erarbeitet, von welchen – oft auch als selbstverständlich vorausgesetzten – Faktoren oder Ressourcen Erfolg (oder Überleben) abhängt. Für die Analyse von Extremrisiken wird dann der Ausfall eines oder mehrerer dieser Ressourcen gedanklich simuliert. Auf diese Weise werden beispielsweise auch Szenarien betrachtet, wie die nicht mehr vorhandene Verfügbarkeit von Verkehrsmitteln (Flugzeugen), Rohstoffen, Schlüsselpersonen, Technik für Zahlungsverkehr (Bankpartner) etc.

---

[25]In enger Anlehnung an *Gleißner,* a. a. O. (Fn. 21).

- Makroökonomisch-politische Umfeldanalyse: Während die oben genannten drei Techniken vom Unternehmen ausgehen, ist diese vierte, ergänzende Technik der Analyse von Extremrisiken zunächst darauf ausgerichtet, ausgehend von politischer, makroökonomischer und naturwissenschaftlicher Forschung Szenarien (oder Entwicklungen) des Umfelds aufzuzeigen, die potenziell sehr schwerwiegende (negative) Auswirkungen für das Unternehmen haben. Der weite Analyserahmen sollte beispielsweise Insolvenzen des Staates, Zusammenbruch der Finanzmärkte, Naturkatastrophen, negative politische Entwicklungen (Kriege, Bürgerkriege) etc. beinhalten.
- In manchen Unternehmen wird im Hinblick auf das Risikofrüherkennungssystem, das als Kernbaustein des Überwachungssystems im Sinne des KonTraG aufzufassen ist, unterschieden in „existierende Risiken" und „zukünftig möglichen Risiken". Diese Unterscheidung ist nicht notwendig und nicht sinnvoll. Wenn heute die Möglichkeit besteht, dass ein Risiko (mit einer bestimmten Wahrscheinlichkeit) in der Zukunft eintreten könnte, existiert das Risiko bereits jetzt.

2.5 Auswertung der Kombinationseffekte von Risikoaggregation und Risiken

Der Umstand, dass nicht identifizierte Einzelrisiken, sondern der aggregierte Gesamtrisikoumfang für die Beurteilung der (freien) Risikotragfähigkeit und den Grad der Bestandsgefährdung eines Unternehmens maßgeblich ist, war schon 1998 mit der Inkraftsetzung des KonTraG bekannt. Entsprechend beinhaltet schon der IDW PS 340 folgende zentrale Anforderung an ein leistungsfähiges Risikoüberwachungssystem:

> „Die Risikoanalyse beinhaltet eine Beurteilung der Tragweite der erkannten Risiken in Bezug auf Eintrittswahrscheinlichkeit und quantitative Auswirkungen. Hierzu gehört auch die Einschätzung, ob Einzelrisiken, die isoliert betrachtet von nachrangiger Bedeutung sind, sich in ihrem Zusammenwirken oder durch Kumulation im Zeitablauf zu einem bestandsgefährdenden Risiko aggregieren können."

Gefordert wird also die Aggregation aller (wesentlichen) Risiken über alle Risikoarten und auch über die Zeit.[26] Da nur quantifizierte Risiken auch aggregiert werden können, ist das Gebot der Quantifizierung sämtlicher Risiken nur konsequent. Durch

---

[26]Siehe dazu *Füser/Gleißner/Meier*, Der Betrieb 1999, S. 753–758.

eine Aggregation der quantifizierten Risiken im Kontext der Planung – Chancen und Risiken verstanden als Ursache möglicher Planabweichungen – muss untersucht werden, welche Auswirkungen diese auf den zukünftigen Ertrag, die wesentlichen Finanzkennzahlen, Kreditvereinbarungen (Covenants) und das Rating haben. So ist beispielsweise zu untersuchen, mit welcher Wahrscheinlichkeit durch den Eintritt bestehender Risiken (z. B. Konjunktureinbruch in Verbindung mit einem gescheiterten Investitionsprojekt), das durch Finanzkennzahlen abschätzbare zukünftige Rating des Unternehmens unter ein für die Kapitaldienstfähigkeit notwendiges Niveau (B-Rating) fallen könnte (vgl. Abschn. 2.3). Gerade die aus der Risikoaggregation ableitbaren Ratingprognosen verknüpfen Unternehmensplanung und Risikoanalyse und stellen so den wichtigsten Krisenfrühwarnindikator dar. Die Bedeutung einer Aggregation der Risiken und die Berechnung der Auswirkung auf das zukünftige Rating und Covenants für die Früherkennung möglicher „bestandsgefährdender Entwicklungen" wird im neuen DIIR Nr. 2 besonders betont.

Ohne die gemeinsame Betrachtung der verschiedenen Unternehmensrisiken, also der Risikoaggregation, sowie die Betrachtung der Implikationen für das zukünftige Rating ist eine mögliche Bestandsgefährdung des Unternehmens im Sinne § 91 Abs. 2 AktG nicht erkennbar.

Beispiel: Der Vorstand entscheidet sich für eine bedeutende Akquisition, weil keine bestandsgefährdenden Einzelrisiken gesehen werden. Diese Beurteilung der Risikolage ist korrekt. Dennoch entsteht später eine existenzgefährdende Krise, weil zwei Risiken 1) Konjunktureinbruch und 2) Scheitern der Akquisition mit hoher Wertbereinigung gemeinsam eingetreten sind. Wären die Kombinationseffekte und ihre Implikationen für das Rating vor der Entscheidung ausgewertet worden, hätten die sich durch die Entscheidung ergebende „Gefährdungslage" erkannt und im Rahmen der Entscheidungsfindung gewürdigt (und z. B. das Eigenkapitel erhöht) werden können.

Auch der IDW PS 340 stellt in seiner vermutlich wichtigsten Formulierung (siehe oben) klar, was zu tun ist, um die Anforderung von § 91 AktG zu erfüllen; aber nicht, welche Methoden dafür nötig sind. Daher unterbleibt eine Prüfung der genutzten Methoden oft. Die Aggregation von Risiken im Kontext der Unternehmensplanung erfordert zwingend den Einsatz von Simulationsverfahren (Monte-Carlo-Simulation), weil Risiken – anders als Kosten und Umsätze – nicht addierbar sind. Mittels Computersimulation wird bei der Risikoaggregation eine große repräsentative Anzahl risikobedingt möglicher Zukunftsszenarien (Planungsszenarien) analysiert. Auf diese Weise wird eine realistische Bandbreite der zukünftigen Ertrags- und Liquiditätsentwicklung aufgezeigt, also die Planungssicherheit bzw. Umfang möglicher negativer Planabweichungen dargestellt. Unmittelbar ableitbar ist die Wahrscheinlichkeit, dass Covenants verletzt oder ein notwendiges Ziel-Rating zukünftig nicht mehr erreicht wird. Auch die weiterführende Ableitung risikogerechter Kapitalkostensätze als Anforderung an die Rendite einzelner Projekte und Geschäftsfelder ist möglich, ohne dass man auf historische Kapitalmarktdaten (wie beim Beta-Faktor des Capital Asset Pricing Modell, CAPM) zurückgreifen müsste.[27]

Manche Unternehmen versuchen statt einer echten, simulationsbasierten Risikoaggregation ausgehend von einem Risikoinventar oder einer Risk-Map die Ergebnisauswirkungen wichtiger Risiken in zwei oder drei Einzelszenarien, inklusive eines sogenannten „Worst Case-Szenarios" abzuschätzen. Dieses Vorgehen hilft jedoch nicht weiter. Das sogenannte „Worst-Case-Szenario" ist weitgehend willkürlich konstruiert, und die Wahrscheinlichkeit, dass ein „schlimmeres" Szenario eintritt, unbestimmt. Ein echtes „Worst Case-Szenario" wird dabei auch gar nicht betrachtet, was ohnehin wenig hilfreich ist, da im Worst Case, bei Eintreten sämtlicher Risiken, jedes Unternehmen insolvent ist. Ob die lediglich betrachteten zwei oder drei von unendlich risikobedingt möglichen Zukunftsszenarien tatsächlich in irgendeiner Weise hilfreich sind, muss grundsätzlich bezweifelt werden. Bei einer Monte-Carlo-Simulation als Risikoaggregationsverfahren werden z. B. repräsentativ ausgewählte 100.000 Szenarien betrachtet und auf dieser Grundlage wird abgeleitet, welcher Anteil dieser Szenarien kritisch oder bestandsgefährdend ist. Man gibt also nicht weitgehend willkürlich Szenarien vor, sondern analysiert Häufigkeit – und gegebenenfalls Charakteristika – der kritischen Szenarien (bestandsgefährdende Entwicklungen im Sinne des Gesetzes). So kann beispielsweise herausgefunden werden, welche Kombinationen von Risiken (mit welcher Ausprägung) für das Unternehmen und sein Rating problematisch sind.

Im Rahmen seiner Überwachungsaufgabe muss der Aufsichtsrat gem. § 111 Abs. 1 AktG sich zwingend mit dem frühzeitigen Erkennen potenziell bestandsgefährdender Entwicklungen im Sinne § 91 Abs. 2 AktG auseinandersetzen.[28] Im Rahmen dieser wichtigen Aufgabe des Aufsichtsrats ist damit die Risikoaggregation die zentrale Informationsquelle. Andere betriebswirtschaftliche Instrumente können diese Aufgabe nicht erfüllen. Unternehmensplanung, Prognose- und Frühwarnsystem befassen sich primär mit der zu erwartenden, planmäßigen Entwicklung, aber nicht mit negativen Szenarien in Folge des Eintretens mehrerer Risiken (vgl. Abb. 2.1). Das vor allem durch historische Finanzkennzahlen beeinflusste aktuelle Rating des Unternehmens zeigt primär Ertragskraft und das

---

[27]Vgl. *Gleißner,* WPg 2015, S. 72–80.
[28]Vgl. *Sassen,* Controlling 2012, S. 325.

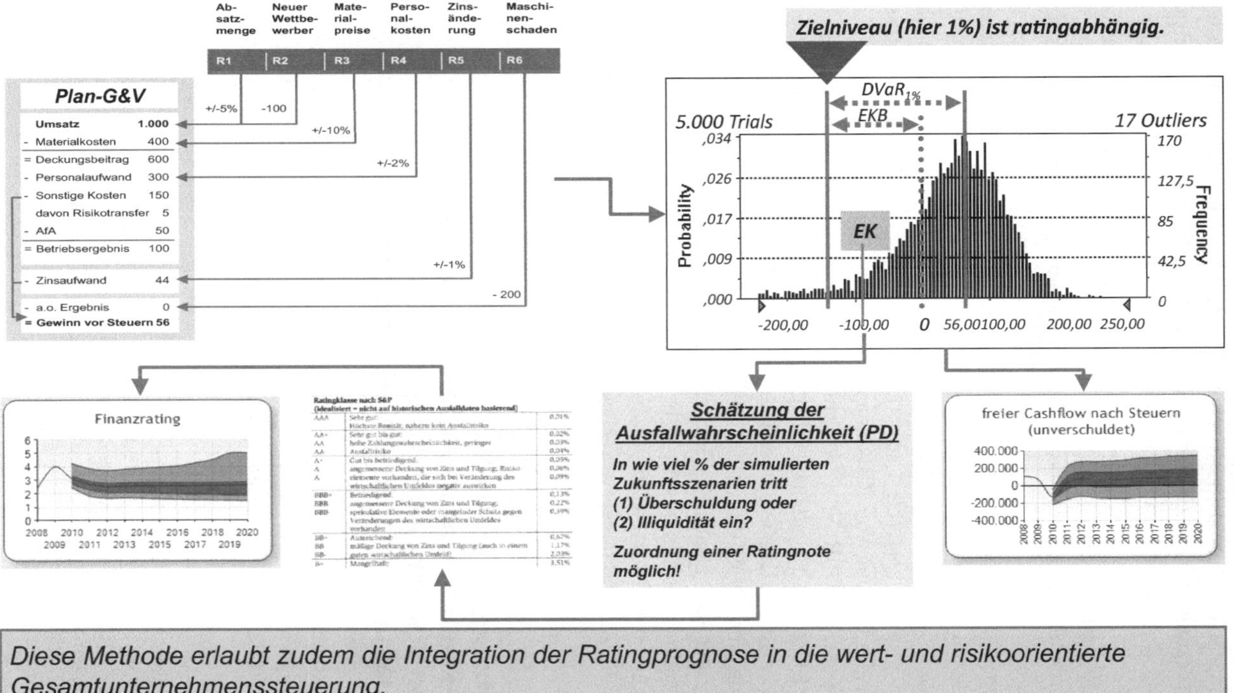

Abb. 2.1 Risikoanalyse und Risikosimulation (inkl. Ratingprognose) oder statistische Auswertung historischer Ertragsschwankungen. (Siehe *Gleißner,* a. a. O. [Fn. 21])

Risikodeckungspotenzial und (noch) nicht den Risikoumfang (Ertragsvolatilität). Im aktuellen Rating zeigen sich nur die Risiken, die sich im letzten Geschäftsjahr realisiert, also den Ertrag beeinflusst haben – nicht aber die zukünftigen Risiken und mögliche Kombinationseffekte. Zu einer „echten" Risikoaggregation gibt es also keine Alternative.[29]

Bei der zentralen Bedeutung der simulationsbasierten Risikoaggregation stellt sich die Frage, warum Controlling und Risikomanagement bei der Mehrheit der Unternehmen diese Technik noch nicht nutzen. Neben fachlich-methodischen Kenntnisdefiziten verweisen die Unternehmen darauf, dass der Wirtschaftsprüfer vor allem Prozesse – und nicht die Methoden prüft – und dass das Risikomanagement primär „testierbar" sein muss. Entsprechend ist dies im jüngsten Standard für die Prüfung von Risikomanagementsystemen, dem DIIR Nr. 2, ein zentraler Aspekt. Im DIIR Nr. 2 wird hierzu auch klargestellt, dass alleine eine Prüfung der Existenz „irgendeines" Risikoaggregationsverfahrens nicht ausreicht. Wie in Kap. 1 zum DIIR bereits erläutert, fordert der Revisionsstandard neben einer Prüfung von Organisation und Prozessen des Risikomanagements auch eine Prüfung der hier genutzten Methoden (z. B. zur Risikoquantifizierung und Risikoaggregation). Dies impliziert insbesondere eine Prüfung der hier genutzten Simulationsmodelle (Monte-Carlo-Simulationsmodelle) und z. B. speziell die Prüfung, ob die Auswirkungen von Risiken auf Rating und Covenants analysiert werden.

2.6 Erfassung implizit im Unternehmen bekannter Risiken und die Verknüpfung von Risikomanagement und Controlling, Qualitätsmanagement, IKS und Compliance

Organisationsmängel und fehlende Klarstellungen führen oft dazu, dass in Risikomanagementsystemen Risiken nicht erfasst werden, obwohl diese aufgrund der Erfassung in anderen Managementsystemen in den Unternehmen

---

[29]Siehe zu Umsetzung der Risikoaggregation z. B. *Löhr*, a. a. O (Fn. 19); *Gleißner*, ZfCM 2004, S. 350–359; *von Metzler*, Risikoaggregation im industriellen Controlling, Köln 2004; *Romeike/Hager*, Erfolgsfaktor Risikomanagement 3.0: Lessons learned, Methoden, Checklisten und Implementierung, Wiesbaden 2013; *Flath/Biederstedt/Herlitz*, Controlling & Management Review 2015, S. 82–89; *Epstein/Witzemann/Schröckhaas*, Controlling 2015, S. 89–95 und *Henschel/Busch*, Controller Magazin 2015, S. 66–73 sowie *Steinke/Löhr*, Controlling 2014, S. 616–623.

grundsätzlich bekannt sind, jedoch nicht mit Risiken assoziiert werden. So identifiziert das Controlling bei der Verwendung „unsicherer Planannahmen" oder der Ermittlung eingetretener Planabweichungen implizit Risiken, ohne dass dies hier bewusst und dem Risikomanagement mitgeteilt wurde. Hierdurch ergibt sich einerseits die Notwendigkeit eines funktionsfähigen Risikoberichtswesens[30] und andererseits zeigt sich, dass die Betrachtung des Controllings oder auch des Qualitätsmanagementsystems für eine umfassende Gestaltung und Prüfung des Risikomanagementsystems notwendig ist (vgl. Kap. 3).

2.7   Nutzung von Risikoinformationen bei der Entscheidungsvorbereitung

Ein im Unternehmen etabliertes, an die Anforderungen von KonTraG und IDW PS 340 ausgerichtetes Risikomanagement (Risikofrüherkennungssystem)[31] befasst sich zunächst mit der Identifikation und Quantifizierung der Risiken (Risikoanalyse), um die wesentlichen Einzelrisiken zu erkennen und z. B. in Form eines Risikoinventars priorisiert zusammenzufassen. Ein leistungsfähiges und „KonTraG-konformes" Risikomanagement aggregiert anschließend diese Risiken zur Bestimmung des Gesamtrisikoumfangs, initiiert Risikobewältigungsmaßnahmen und überwacht die wesentlichen Einzelrisiken. Im Fokus der durch das Risikomanagement initiierten Aktivitäten stehen damit meist die bekannten Einzelrisiken und nicht etwa Veränderungen der Gesamtrisikoposition, ausgelöst durch die Entscheidung bezüglich neuer Aktivitäten (wie Investitionen).

Andere wesentliche Handlungsoptionen und Maßnahmenbündel, über die die Unternehmensführung in der Vorbereitung einer Entscheidung nachdenkt, werden oft nicht konsequent daraufhin untersucht, welche Veränderungen des aggregierten Risikoumfangs diese zur Konsequenz haben würden. Traditionell wird in einem isolierten Risikomanagement-Ansatz viel Zeit und Energie aufgewendet, um geeignete Prozesse und (Software-)Tools vorzuhalten, damit die bekannten Einzelrisiken kontinuierlich überwacht werden. Eine Veränderung des Risikoumfangs sollte durch eine Überwachung erkannt werden. Allerdings erfährt das

---

[30]Vgl. *Ergün/Müller/Sassen,* ZCG 2011, S. 238–244.

[31]Siehe dazu z. B. *Füser/Gleißner/Meier,* Der Betrieb 1999, S. 753–758 und *Romeike,* Rechtliche Grundlagen des Risikomanagements, Berlin 2007.

Risikomanagement oft von wesentlichen Veränderungen des Risikoumfangs erst im Detail, wenn risikoverändernde Entscheidungen der Unternehmensführung bereits getroffen sind.

Der traditionelle Fokus des Risikomanagements ausgerichtet auf Einzelrisiken und eben nicht auf anstehende Entscheidungen bezüglich Handlungsoptionen oder Maßnahmen, die den Risikoumfang beeinflussen, ist unzureichend. Der ökonomische Mehrwert des Risikomanagements ergibt sich gerade dadurch, dass bei der Vorbereitung wesentlicher (strategischer) unternehmerischer Entscheidungen Risikoanalysen vorgenommen werden, um aufzuzeigen, welcher Risikoumfang sich ergeben wird, falls eine zu beurteilende Entscheidung getroffen würde („Was-wäre-wenn-Analyse"). Das Fehlen einer Risikoanalyse vor der Entscheidung verstößt auch gegen § 91 Abs. 2 AktG (KonTraG), weil eben nicht „früh" auf eine mögliche bestandsgefährdende Entwicklung hingewiesen wird. Zudem steht die ebenfalls gesetzlich geforderte ausreichende Informationsgrundlage bei der Entscheidung nicht zur Verfügung.[32] Diese Denkweise einer integrierten, an Entscheidungen orientierten „risiko- und wertorientierten Unternehmensführung", die das traditionelle Risikomanagement als Baustein einbezieht, zeigt die Abb. 2.2.[33]

In Abb. 2.2 findet man den „traditionellen" Risikomanagement-Kreis („grau"), aber zusätzlich die entscheidungsunterstützende Risikoanalyse. Wie am „Einstiegspunkt A" zu sehen ist, sind zunächst „Ideen" für mögliche wesentliche Handlungsoptionen und Maßnahmenbündel der Unternehmensführung aus allen Themenfeldern – Strategie, Investition und Finanzierung, Produktentwicklung etc. – systematisch zu erfassen. Nun ist es die Aufgabe von Controlling und Risikomanagement im Zusammenspiel aufzuzeigen, welche Implikationen eine Entscheidung für die zukünftige Entwicklung des Ertrags und des aggregierten Risikoumfangs haben würde. Es ist also insbesondere eine Risikoanalyse bezogen auf die geplante Handlungsoption vorzunehmen, sofern ein unternehmensgrößenabhängiger Schwellenwert überschritten wird. Man erkennt den Unterschied: Fokus der Analyse ist nicht der aktuelle Status quo des Unternehmens oder eines laufendes Projekts. Es sind ausstehende Entscheidungen und mögliche Handlungsoption, um „früh zu erkennen", wie sich die Ertragslage, das Rating und der

---

[32]Vgl. *Graumann*, WISU 2014, S. 317–320 und § 93 AktG.

[33]Siehe *Gleißner/Kalwait*, Controller Magazin 2010, S. 23–34 für einen integrierten Ansatz und die entsprechende Sichtweise einer Verknüpfung von Planung und Risikomanagement in den neuen „Grundsätzen ordnungsgemäßer Planung", z. B. *Gleißner/Presber*, Controller Magazin 2010, S. 82–86.

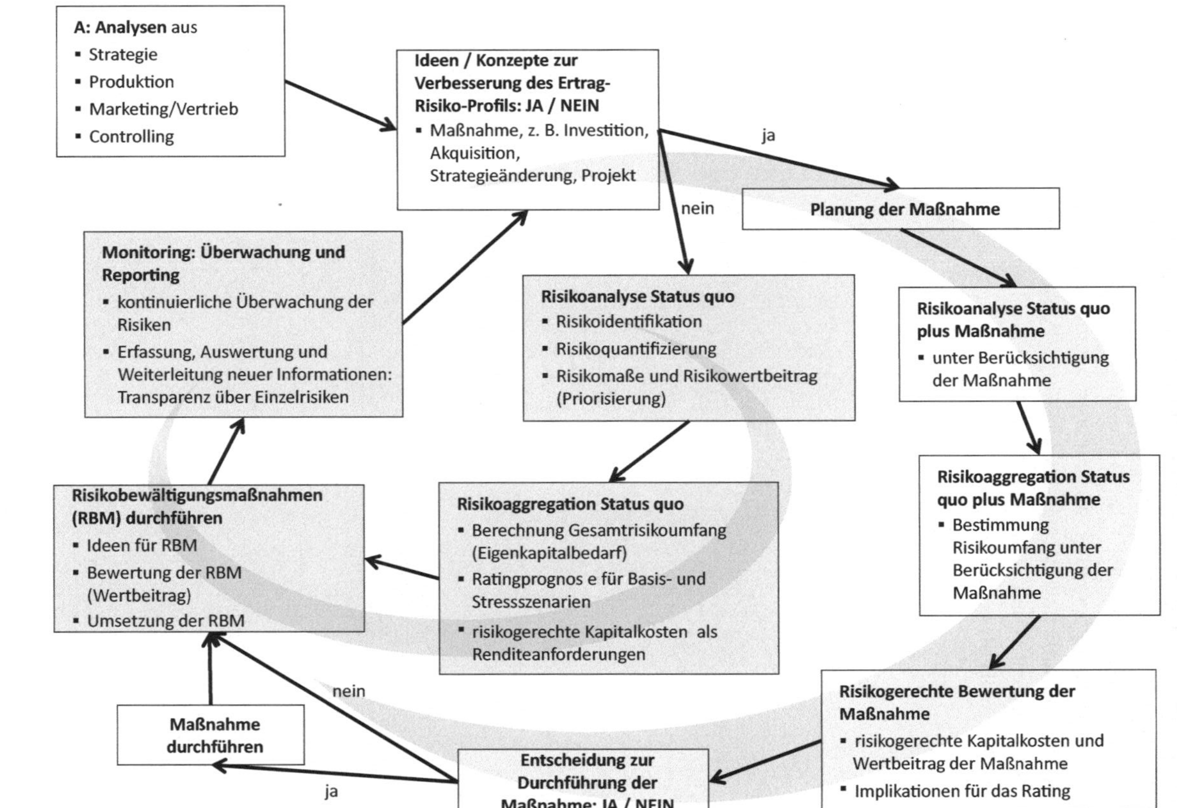

Abb. 2.2   Risikoanalyse und Bewertung zur Entscheidungsvorbereitung. (*Gleißner*, Controller Magazin 2015, S. 4–12)

aggregierte Gesamtrisikoumfang des Unternehmens verändern würden, wenn die Unternehmensführung sich für diese Handlungsoption entscheiden würde.

Die erläuterte Entscheidungsorientierung des Risikomanagements verdeutlicht die Nähe zur primären Aufgabe des Controllings, nämlich einen Beitrag zu leisten für die fundierte Vorbereitung wesentlicher unternehmerischer Entscheidungen („betriebswirtschaftliche Rationalitätssicherung")[34]. Auch wird erkennbar, dass Risikomanagement – und damit der Gegenstand der Prüfung im Sinne IDW PS 340 – mehr ist, als oft vermutet.

---

[34]Siehe *Weber/Schäffer,* Einführung in das Controlling, 14. Aufl., Stuttgart 2014 sowie *Reichmann,* Controlling mit Kennzahlen, 8. Aufl., München 2011 und *Baum/Coenenberg/ Günther,* Strategisches Controlling, 5. Aufl., Stuttgart 2013.

Prüfung des Risikomanagements: Was ist eigentlich der Prüfungsgegenstand?

3.1 Normative Anforderungen an die Prüfung des Risikomanagements im Rahmen der Jahresabschlussprüfung[1]

Ziel der handelsrechtlichen Abschlussprüfung nach §§ 316 ff. HGB ist die Feststellung der Gesetz- und Ordnungsmäßigkeit der Rechnungslegung[2] unter Berücksichtigung der gesetzlichen Vorschriften sowie des Gesellschaftsvertrages oder der Satzung. Der Abschlussprüfer soll die Verlässlichkeit und die Ordnungsmäßigkeit der im Jahresabschluss und Lagebericht enthaltenden Informationen bestätigen und damit die Glaubwürdigkeit dieser Informationen gegenüber den Adressaten erhöhen.[3] Hierzu muss der Abschlussprüfer mit hinreichender

---

[1]Dieser Abschnitt basiert auf *Sassen*, Controlling 2012, S. 323–329.

[2]Der Prüfungsgegenstand der handelsrechtlichen Abschlussprüfung umfasst gem. § 316 Abs. 1 HGB i. V. m. § 264 Abs. 1 Satz 1 HGB den Jahresabschluss, bestehend aus Bilanz, Gewinn- und Verlustrechnung (GuV), Anhang sowie den Lagebericht. Bei nicht konzernrechnungslegungspflichtigen, kapitalmarktorientierten Kapitalgesellschaften im Sinne von § 264d HGB ist der Jahresabschluss und damit auch der Prüfungsgegenstand gem. § 316 Abs. 1 HGB i. V. m. § 264 Abs. 1 Satz 2 HGB um eine Kapitalflussrechnung und einen Eigenkapitalspiegel zu erweitern.

[3]Vgl. *IDW* PS 200, Rn. 8, WPg 2000, S. 706 ff.

Die vorliegenden Ausführungen dieses Abschnitts basieren grundlegend auf *Sassen/Behrmann*, ZCG 2016, S. 133–137; sie wurden unter Berücksichtigung jüngerer prüfungsbezogener rechtlicher Entwicklungen aktualisiert und erweitert.

© Springer Fachmedien Wiesbaden GmbH, ein Teil von Springer Nature 2019
W. Gleißner et al., *Prüfung und Weiterentwicklung von Risikomanagementsystemen*, essentials,
https://doi.org/10.1007/978-3-658-25567-1_3

Sicherheit und unter Beachtung des Grundsatzes der Wirtschaftlichkeit und Wesentlichkeit zu einem Prüfungsergebnis in Form eines Prüfungsberichts und eines Bestätigungsvermerks kommen.[4] Neben Jahresabschluss und Lagebericht ist in bestimmen Fällen eine Prüfung des Internen Überwachungssystems vorzunehmen. So ist gem. § 317 Abs. 4 HGB bei einer börsennotierten Aktiengesellschaft außerdem im Rahmen der Prüfung zu beurteilen, ob der Vorstand die ihm nach § 91 Abs. 2 AktG obliegenden Maßnahmen in einer geeigneten Form getroffen hat und ob das danach einzurichtende Überwachungssystem seine Aufgaben erfüllen kann. Die obliegenden Maßnahmen gem. § 91 Abs. 2 AktG sind wie folgt formuliert: „Der Vorstand hat geeignete Maßnahmen zu treffen, insbesondere ein Überwachungssystem einzurichten, damit den Fortbestand der Gesellschaft gefährdende Entwicklungen früh erkannt werden." In der Praxis wird die Formulierung des § 91 Abs. 2 AktG „[…] Fortbestand der Gesellschaft gefährdende Entwicklungen früh erkannt […]" häufig so durch den Abschlussprüfer ausgelegt, dass lediglich das Risikofrüherkennungssystem zu prüfen ist. Die Prüfungsnorm des § 317 Abs. 4 HGB bezieht sich jedoch auf das einzurichtende Überwachungssystem. Insofern wird das Risikomanagementsystem als Teil des Internen Überwachungssystems (Abb. 3.1) selbst zum Prüfungsobjekt. Auch, wenn die angeführte Regelung explizit ausschließlich für börsennotierte Aktiengesellschaften gilt, ist von einer Ausstrahlungswirkung auf sämtliche Aktiengesellschaften und andere Rechtsformen auszugehen.

3.2   Risikoorientierter Prüfungsansatz

Im Rahmen der Jahresabschlussprüfung wendet der Abschlussprüfer den risikoorientierten Prüfungsansatz im Sinne des IDW PS 261 n. F. (Feststellung und Beurteilung von Fehlerrisiken und Reaktionen des Abschlussprüfers auf die beurteilten Fehlerrisiken) an,[5] um seine Prüfung effizient planen und durchführen zu können. Im Gegensatz zum traditionellen Prüfungsansatz, der insbesondere auf einer Beurteilung des internen Kontrollsystem (IKS) fußt, wird im Rahmen des risikoorientierten Prüfungsansatzes die gesamte Kontrollstruktur (Control Structure) beurteilt (z. B. Identifikation von Umfeld- oder Branchenrisiken).[6] Für die Prüfungsplanung ist die Beurteilung der Risiken von zentraler Bedeutung. Bei

---

[4]Vgl. *IDW* PS 200, Rn. 9, WPg 2000, S. 706 ff.

[5]Vgl. *IDW* PS 261 n. F., Rn. 10–12, FN-IDW 2012, S. 239 ff.

[6]Vgl. *Freidank,* a. a. O. (Fn. 2), S. 282–287.

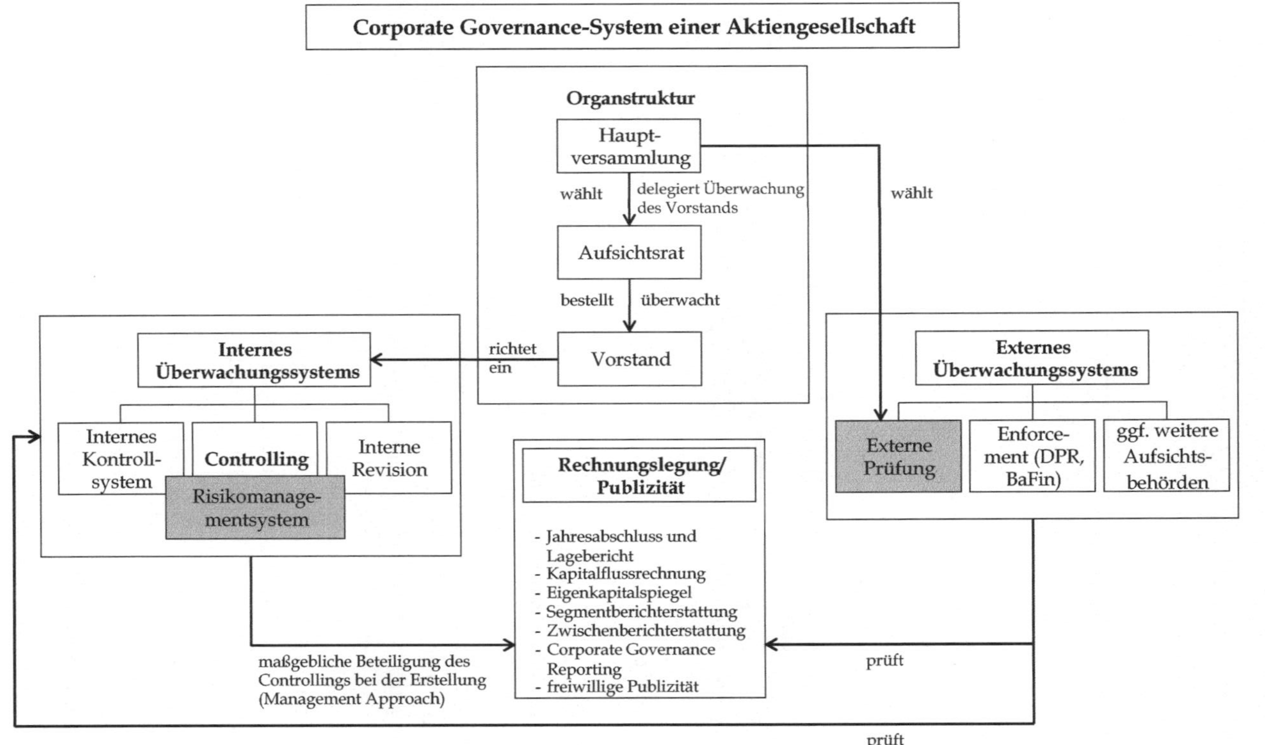

Abb. 3.1 Corporate Governance-System einer Aktiengesellschaft. (Leicht modifiziert entnommen von *Sassen*, Controlling 2012, S. 327)

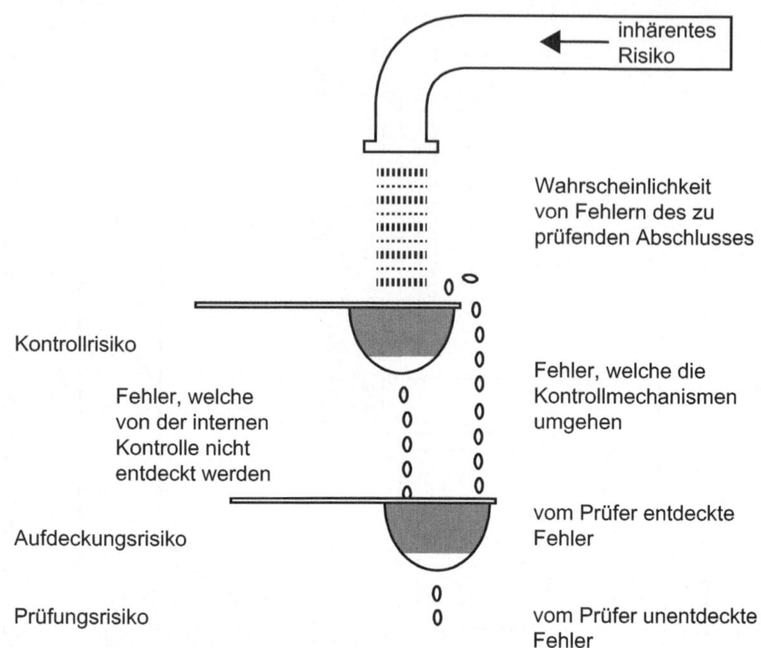

Abb. 3.2 „Wasserhahn-Sieb-Analogie" zur Beschreibung des Prüfungsrisikos. (Modifiziert entnommen von *Marten/Quick/Ruhnke*, a. a. O. (Fn. 7), S. 211.)

nicht wesentlichen Risiken mit einem geringen Fehlerrisiko der verarbeiteten Daten kann entsprechend eine Reduktion des Umfangs weiterer Prüfungshandlungen vorgenommen werden. Vor diesem Hintergrund wird in der Praxis zur Festlegung von Wesentlichkeitsgrenzen ein Risikomodell genutzt, sodass im Rahmen der Prüfungsplanung in großem Umfang Risikobeurteilungen vorzunehmen sind. Die weiteren Einzelfallprüfungen werden sodann unter Berücksichtigung des Einflusses der Risiken auf Jahresabschluss und Lagebericht ausgewählt. Prüfungshandlungen sind bei jedem wesentlichen Prüfungsobjekt notwendig (auch bei niedriger Risikobeurteilung einer wesentlichen Falschaussage). Kernelement des Risikomodells[7] ist das Prüfungsrisiko (Abb. 3.2), welches sich aus

---

[7]Vgl. zur theoretischen Quantifizierung des Modells etwa *Freidank*, a. a. O. (Fn. 2), S. 288–290; *Marten/Quick/Ruhnke*, Wirtschaftsprüfung. Grundlagen des betriebswirtschaftlichen Prüfungswesens nach nationalen und internationalen Normen, 4. Aufl., Stuttgart 2011, S. 211.

den Komponenten inhärentes Risiko, Kontrollrisiko und Entdeckungsrisiko zusammensetzt und die Wahrscheinlichkeit widerspiegelt, einen mit wesentlichen Mängeln oder Fehlern behafteten Jahresabschluss als ordnungsgemäß zu beurteilen.[8] Unter dem inhärenten Risiko wird das einem Prüfungsobjekt innewohnendes Risiko ohne Berücksichtigung interner Kontrollen verstanden, welches von der wirtschaftlichen Lage sowie vom Organisationsgrad des Unternehmens abhängig ist.[9] Das Kontrollrisiko spiegelt das Risiko wider, wesentliche Fehler bei Geschäftsvorfällen oder Beständen nicht durch das IKS zu verhindern oder zu entdecken. Grundlage für die Einschätzung ist die Beurteilung der Kontrollstruktur.[10] Mögliche Folgen einer Fehleinschätzung des Kontrollrisikos können darin bestehen, dass der Abschlussprüfer Vertrauen in die Wirksamkeit und Funktionsfähigkeit des IKS hat, obwohl es nicht wirksam und funktionsfähig ist, oder dass er die Wirksamkeit und Funktionsfähigkeit des IKS ablehnt, obwohl es wirksam und funktionsfähig ist. Das Entdeckungsrisiko besteht in der Nichterkennung von Risiken trotz ergebnisorientierter Prüfungshandlungen (z. B. bei zu klein gewählten Stichprobenumfängen).[11] Hier besteht die Möglichkeit, dass der Prüfer ein an sich richtiges Prüffeld als nicht ordnungsgemäß ablehnt (α-Fehler bzw. Risiko der inkorrekten Ablehnung oder Prüfungsauftraggeber-Risiko) oder dass der Prüfer ein an sich falsches Prüffeld als ordnungsgemäß annimmt (β-Fehler bzw. Risiko der inkorrekten Annahme oder Prüfer-Risiko).[12] In der Praxis hat der β-Fehler eine größere Bedeutung, da er i. d. R. nicht erkannt wird, wohingegen der α-Fehler üblicherweise aufgedeckt werden dürfte, da das Unternehmen versuchen wird, nicht ordnungsgemäße Prüffelder in Ordnung zu bringen (vgl. Abb. 3.2).

Im Ergebnis muss der Abschlussprüfer sich einen umfassenden Einblick in das Risikomanagement des Unternehmens verschaffen, um die notwendigen Risikobeurteilungen vornehmen zu können.

3.3 Prüfung der Going-Concern-Prämisse

Der Jahresabschluss ist unter Beachtung der sog. Going-Concern-Prämisse aufzustellen, da gem. § 252 Abs. 1 Nr. 2 HGB im Rahmen der Bewertung der Vermögensgegenstände und Schulden von der Fortführung der Unternehmenstätigkeit

---

[8]Vgl. *IDW* PS 261 n. F., Rn. 5–9, FN-IDW 2012, S. 239 ff.

[9]Vgl. *IDW* PS 261 n. F., Rn. 6, FN-IDW 2012, S. 239 ff.

[10]Vgl. *IDW* PS 261 n. F., Rn. 6, FN-IDW 2012, S. 239 ff.

[11]Vgl. *IDW* PS 261 n. F., Rn. 6, FN-IDW 2012, S. 239 ff.

[12]Vgl. *Freidank,* a. a. O. (Fn. 2), S. 288.

auszugehen ist, sofern dem nicht tatsächliche oder rechtliche Gegebenheiten entgegenstehen. Tatsächliche Gegebenheiten können bspw. in der Zahlungsunfähigkeit des Unternehmens, dem hälftigen Verlust des Kapitals oder dem Ausfall bedeutsamer Kreditgeber, Zulieferer bzw. Abnehmer zu sehen sein, wohingegen als Beispiele für rechtliche Gegebenheiten die Eröffnung des Insolvenzverfahrens, der Eintritt von Tatbeständen, die gemäß Satzung zur Liquidation der Einheit führen oder die Erfüllung der gesetzlichen Voraussetzungen für die Auflösung bzw. Abwicklung des Unternehmens zu nennen sind.[13]

Der Jahresabschlussprüfer wiederum hat die Annahme der Going-Concern-Prämisse im Rahmen der Prüfung zu untersuchen, da sie maßgeblich für die Bewertung der Bilanzposten des Jahresabschlusses ist.[14] Zudem muss der Jahresabschlussprüfer im Rahmen der externen Dokumentation der Prüfung (Prüfungsbericht)[15] im Rahmen der zwingend vorzunehmenden grundsätzlichen Feststellungen (§ 321 Abs. 1 Satz 2 und Satz 3 HGB) eine Stellungnahme zum Fortbestand und zur künftigen Entwicklung des Unternehmens abgeben. Um seinen Verpflichtungen im Kontext der Prüfung der Going-Concern-Prämisse nachkommen zu können, ist es insofern zwingend notwendig, dass sich der Abschlussprüfer mit dem unternehmerischen Risikomanagement auseinandersetzt, um sich einen Überblick über bestandsgefährdende Risiken zu verschaffen. Wie bereits angeführt, muss der Abschlussprüfer eine mögliche „bestandsgefährdende Entwicklung" erkennen, was eine geeignete Operationalisierung (über das Rating, vgl. Abschn. 2.3) und die Beachtung der potenziell bestandgefährdenden Kombinationseffekte der Einzelrisiken, also eine Risikoaggregation, erfordert (vgl. Abschn. 2.5).

3.4 Risikobezogene Aspekte der Prüfung einzelner Posten des Jahresabschlusses und des Lageberichts

Bei der Bewertung einzelner Posten des Jahresabschlusses sind vermehrt Risikoüberlegungen einzubeziehen, was wiederum Folgewirkungen auf die Abschlussprüfung entfaltet. Dies betrifft die Bewertung mit Fair Values vor allem im Rahmen

---

[13]Vgl. *Thiergard*, WPg 2013, S. 890.

[14]Vgl. *IDW* PS 270, WPg 2003, S. 775 ff.

[15]Vgl. *IDW* PS 450, WPg 2006, S. 113 ff.

der internationalen Rechnungslegungsvorschriften (IFRS) aber teilweise auch im Kontext der handelsrechtlichen Rechnungslegungsvorschriften. Beispiele finden sich sowohl für den Einzel- als auch den Konzernabschluss etwa bei der außerplanmäßigen Abschreibung von Vermögensgegenständen oder bei der Beteiligungsbewertung (impairment test). Hierzu können bzw. müssen unter bestimmten Voraussetzungen Fair Values mithilfe des Discounted Cash Flow-Verfahrens oder des Ertragswertverfahrens ermittelt werden.[16] In beiden Fällen sind risikoadjustierte Diskontierungssätze anzuwenden. Ebenfalls spielen Risikoüberlegungen für den Ansatz von Rückstellungen im Hinblick auf Ermittlungen von Eintrittswahrscheinlichkeiten eine zentrale Rolle.

Im Lagebericht sind gem. § 289 Abs. 1 Satz 4 HGB die wesentlichen Chancen und Risiken der zukünftigen Entwicklung zu beurteilen.[17] Dabei sind auch die zugrunde liegenden Annahmen anzugeben. Darüber hinaus müssen gem. § 289 Abs. 4 HGB kapitalmarktorientierte Kapitalgesellschaften im Sinne des § 264d im Lagebericht die wesentlichen Merkmale des internen Kontroll- und Risikomanagementsystems im Hinblick auf den Rechnungslegungsprozess beschreiben.

Börsennotierte Aktiengesellschaften müssen zudem gem. § 289 f. Abs. 1 HGB in einem gesonderten Abschnitt eine Erklärung zur Unternehmensführung in ihren Lagebericht aufnehmen oder alternativ auf der Homepage des Unternehmens veröffentlichen, wobei im letzteren Fall ein Hinweis hierauf in den Lagebericht aufzunehmen ist. In die Erklärung zur Unternehmensführung sind gem. § 289 f. Abs. 2 HGB die Erklärung gemäß § 161 AktG, relevante Angaben zu Unternehmensführungspraktiken, die über die gesetzlichen Anforderungen hinaus angewandt werden, nebst Hinweis, wo sie öffentlich zugänglich sind sowie die Beschreibung der Arbeitsweise von Vorstand und Aufsichtsrat sowie Zusammensetzung und Arbeitsweise der Ausschüsse aufzunehmen. Mögliche, relevante Angaben zu Unternehmensführungspraktiken können Ethikgrundsätze, Richtlinien etc. sein. Ggf. sind Angaben zum Controlling oder Risikomanagement notwendig. Darüber hinaus sind gem. § 289 f. Abs. 2 Nr. 4–6 Angaben über die Maßnahmen zur Förderung des Anteils weiblicher Führungskräfte aufzunehmen (Angaben zum festen Mindestanteil, zu Zielgrößen und Fristen sowie zum Diversitätskonzept).

---

[16]Vgl. beispielhaft für die Bewertung von Schiffen *Buchholz/Sassen/Sepetauz,* PiR 2010, S. 324–325.

[17]Vgl. auch im Folgenden *Sassen,* Controlling 2012, S. 326.

Vor diesem Hintergrund benötigt der Abschlussprüfer auch im Rahmen der Prüfung einzelner Posten des Jahresabschlusses sowie der Prüfung des Lageberichts detaillierte Informationen über das Risikomanagement, um den Jahresabschluss sowie den Risikobericht und die Erklärung zur Unternehmensführung adäquat beurteilen zu können. Gem. § 317 Abs. 2 Satz 3 HGB sind die Angaben nach § 289 f. HGB (Erklärung zur Unternehmensführung) zwar nicht in die Prüfung des Lageberichts einzubeziehen, sodass es grundsätzlich nur notwendig ist, das Vorhandensein der Erklärung zur Unternehmensführung zu prüfen.[18] Dennoch ist der Abschlussprüfer verpflichtet diesen Abschnitt „kritisch zu lesen", um zu überprüfen, ob Unstimmigkeiten im Hinblick auf die Zusatzinformationen zwischen dem Jahresabschluss und dem Lagebericht bestehen oder ob deren Glaubhaftigkeit beeinträchtigt ist. Damit sind etwaige Feststellungen in die Berichterstattung des Abschlussprüfers aufzunehmen.[19]

Im Hinblick auf seine Ergebnisdokumentation muss der Jahresabschlussprüfer im Prüfungsbericht im Rahmen der zwingend vorzunehmenden grundsätzlichen Feststellungen (§ 321 Abs. 1 Satz 2 und Satz 3 HGB) eine Stellungnahme des Abschlussprüfers zur Lagebeurteilung des Vorstands abgeben, sodass es auch in diesem Kontext zwingend notwendig ist, dass sich der Abschlussprüfer mit dem unternehmerischen Risikomanagement auseinandersetzt, um eine adäquate Beurteilung des Risikoberichts sowie der weiteren risikorelevanten Sachverhalte vornehmen zu können.

---

[18]Vgl. *IDW* PS 345, Rn. 22, *IDW* Life 2016, S. 855 ff.

[19]Vgl. hierzu auch ausführlich *IDW* PS 345, Rn. 32–35, *IDW* Life 2016, S. 855 ff.

Praktische Aspekte der Prüfung des Risikomanagementsystems

4.1 Strategien zur Prüfung des Risikomanagements

Es existieren drei sich ergänzende Strategien für eine schnelle und effiziente Prüfung des Risikomanagements, die ein Aufsichtsrat selbst anwenden kann:

1. die **Systemprüfung,** die formale Anforderungen an das Risikomanagementsystem prüft,
2. die **Outputprüfung,** die hinterfragt, ob dem Aufsichtsrat vom Vorstand diejenigen Informationen angeboten werden, die ein Risikomanagementsystem liefern sollte, und
3. die **Abweichungsanalyse,** die überprüft, ob eingetretene Planabweichungen auf im Vorhinein bekannte Risiken zurückgeführt werden können.

Orientiert an den Anforderungen des IDW Prüfungsstandards 340 wird z. B. bei einer **Systemprüfung** hinterfragt, ob

- im Unternehmen geeignete Prozesse existieren, die systematisch neu auftretende Risiken identifizieren,
- wesentliche bekannte Risiken durch klar beschriebene Arbeitsprozesse kontinuierlich überwacht werden,

---

In enger Anlehnung an *Gleißner,* Der Aufsichtsrat 2018, S. 18–21.

© Springer Fachmedien Wiesbaden GmbH, ein Teil von Springer Nature 2019
W. Gleißner et al., *Prüfung und Weiterentwicklung
von Risikomanagementsystemen,* essentials,
https://doi.org/10.1007/978-3-658-25567-1_4

- die wesentlichen Risiken quantitativ bewertet und im Hinblick auf ein definiertes Risikomaß verglichen werden,
- die Einzelrisiken zu einer Gesamtrisikoposition (z. B. Eigenkapitalbedarf) aggregiert werden,
- die Berichtswege definiert sind, auf denen die wesentlichen Risikoinformationen an das zentrale Risikocontrolling, den Vorstand und – in verdichteter Form – an den Aufsichtsrat weitergeleitet werden,
- das Risikomanagementsystem und die wesentlichen Ergebnisse des Risikomanagements (z. B. Risikoinventar) adäquat dokumentiert sind sowie
- das Risikomanagement als Ganzes regelmäßig einer unabhängigen Prüfung unterzogen wird.

Der neue DIIR Revisionsstandard Nr. 2 (von 2018) ist eine für die Systemprüfung besonders geeignete Grundlage. Er berücksichtigt, wie ausgeführt, die verschiedenen Präzisierungen von Risikomanagementanforderungen der letzten Jahre, schreibt eine Prüfung von Organisation *und* Methoden des Risikomanagements vor und thematisiert die zentrale Implikation aus § 93 AktG für das Risikomanagement: die notwendige Mitwirkung des Risikomanagements bei der Vorbereitung unternehmerischer Entscheidungen (durch Risikoanalysen, die anzeigen, wie sich der Risikoumfang im Falle einer Entscheidung für eine bestimmte Handlungsoption verändern würde).

Bei der **Outputprüfung** betrachtet der Aufsichtsrat, ob er im Reporting und speziell in den Entscheidungsvorlagen adäquat mit Risikoinformationen versorgt wird. Zu untersuchen ist, an welcher Stelle Risikoinformationen tatsächlich in wesentliche Entscheidungen (z. B. Investitionen, Finanzierungsentscheidungen oder Akquisitionen) eingeflossen sind. Dies ist nötig, um im Sinne der Business Judgement Rule (§ 93 Abs. 1 Satz 2 AktG) „angemessene Informationen" bei der Entscheidungsvorbereitung belegen zu können.

Ein weiterer Test der Leistungsfähigkeit des Risikomanagements ist die **Abweichungsanalyse:** Für alle wesentlichen Planabweichungen eines Unternehmens wird hinterfragt, ob die diesen zugrunde liegenden Ursachen tatsächlich im Vorhinein bereits als Risiken bekannt waren. Ein Risiko beschreibt definitionsgemäß die Möglichkeit einer Planabweichung, was Gefahren (mögliche negative Planabweichungen) und Chancen (mögliche positive Planabweichungen) umfasst. Eingetretene Planabweichungen (bzw. die ermittelten Ursachen) systematisch zu erfassen, ist damit ein effektiver Weg, neue Risiken zu identifizieren.

4.2 Reifegradmodell für die risikoorientierte Unternehmensführung: Prüffragen

Für die oben erwähnte „Systemprüfung" benötigt man konkrete Prüfkriterien bzw. Prüffragen, die ein Aufsichtsrat (schriftlich oder mündlich) an seinen Vorstand stellen kann. Nachfolgend wird ein 6-Stufen-Reifegradmodell für eine Systemprüfung vorgestellt, das insgesamt die Risikomanagementfähigkeit eines Unternehmens betrachtet, speziell im Hinblick auf 1) die Erfüllung gesetzlicher Anforderungen und 2) erreichten ökonomischen Nutzen. Schon zur Erfüllung gesetzlicher Mindestanforderungen, die im „Streitfall" erfahrungsgemäß konsequent geprüft werden, sollte der Aufsichtsrat auf die Erfüllung zumindest der Anforderungen auf Stufe 3 hinwirken. Wünschenswert ist darüber hinaus, dass möglichst weitgehend das Risikomanagement auch die Kriterien der Stufe 4 erfüllt. Erst auf Stufe 4 ist nämlich gewährleistet, dass das Risikomanagement einen ökonomischen Mehrwert bietet (z. B. durch die Reduzierung von Risikokosten und die Bereitstellung von Informationen z. B. für die Investitionsbewertung).

Die nachfolgend angeführten Kriterien und Prüffragen entsprechen dabei weitgehend den Themen, die auch bei einer Prüfung gemäß dem neuen DIIR Nr. 2 zu berücksichtigen wären (ohne dabei sämtliche Teilaspekte abdecken zu wollen).[1] Insbesondere zielen die Fragen sowohl auf eine Prüfung von Organisation und Prozessen wie auch den im Risikomanagement genutzten Methoden (wobei die Fragen in der Regel sowohl Grundlage sein können für die Beurteilung der Angemessenheit wie auch – ergänzend – der Wirksamkeit).

Stufe 1: kein Risikomanagement
Es existieren kein ausgeprägtes Risikobewusstsein und kein formalisiertes System zum Umgang mit Risiken. Eine Berücksichtigung von Risiken findet nur sporadisch statt.

Stufe 2: Schadensmanagement
Die Unternehmensführung ist sich der Existenz bestimmter Risiken, speziell wesentlicher Gefahren, bewusst und setzt punktuell Maßnahmen zur Abwehr

---

[1]Siehe weiterführend *Gleißner/Kimpel,* Prüfung des Risikomanagements und der neue DIIR Revisionsstandard Nr. 2, 2019, erscheint in Kürze.

dieser Gefahren ein. Dabei wird auf die Einhaltung von gesetzlichen Regelungen wie Umweltschutz und Arbeitsschutz geachtet. Im Rahmen unternehmerischer Entscheidungen wird eine mögliche gravierende Gefahr diskutiert, ohne dass für dieses Abwägen ein spezifisches Instrument eingesetzt wird.

Stufe 3: Regulatorisches Risikomanagement („KonTraG-Risikomanagement")
Im Unternehmen existiert ein Risikofrüherkennungssystem, das sämtliche wichtige Risiken kontinuierlich überwacht und in einem Risikoinventar zusammenfasst. Die wesentlichen Regelungen sind schriftlich erfasst, sodass insbesondere Umfang, Verantwortlichkeit und Turnus der Risikoüberwachung fixiert sind. Die wesentlichen (insbesondere operativen) Risiken werden jeweils individuell im Hinblick auf geeignete Risikobewältigungsstrategien diskutiert. Bei allen wesentlichen unternehmerischen Entscheidungen wird explizit über die damit verbundenen Risiken nachgedacht und sie werden – allerdings nicht formalisiert und quantifiziert – in betriebliche Entscheidung (z. B. bei Investitionen) mit einbezogen. Risiken werden oft nur einheitlich durch Schadenshöhe und Eintrittswahrscheinlichkeit beschrieben. Eine (einfache) Risikoaggregation wird durchgeführt, um zu prüfen, ob aus Kombinationseffekten von Einzelrisiken „bestandsgefährdende Entwicklungen" entstehen können (§ 91 Abs. 2 AktG/IDW PS 340). Die wichtigsten Kriterien sind in Tab. 4.1 zusammen gefasst.

Stufe 4: Ökonomisches entscheidungsorientiertes Risikomanagement
Aus den Einzelrisiken wird mittels Risikoaggregation unter Bezugnahme auf eine integrierte Unternehmensplanung ein Gesamtrisikoumfang berechnet, aus dem z. B. der Eigenkapitalbedarf zur Deckung möglicher risikobedingter Verluste abgeleitet werden kann (Monte-Carlo-Simulation). Die Wirkungen auf das zukünftige Rating – ein Maß für den „Grad der Bestandsgefährdung" – und Covenants werden untersucht und die Risikotragfähigkeit berechnet. Fundierte Risikoinformationen werden in Entscheidungsvorlagen bei Vorstand und Aufsichtsrat dargestellt. Aussagen über die Veränderung des Gesamtrisikoumfangs (und des Ratings) durch eine Vorstandsentscheidung sind notwendig, um über die vom Gesetz geforderten „angemessenen Informationen" bei Entscheidungsvorlagen verfügen zu können (§ 93 AktG).

Tab. 4.1 Kriterien zur Stufe 3 – „regulatorische Mindestanforderungen"

3.	Stufe 3: Regulatorisches Risikomanagement	Erfüllt	Teilweise erfüllt	Nicht erfüllt
3.1	Sind Aufgaben und Verantwortlichkeiten im Risikomanagement klar zugeordnet?			
3.2	Sind alle Regelungen zu Identifikation, Quantifizierung und Überwachung von Risiken angemessen, wirksam und für Dritte nachvollziehbar dokumentiert?			
3.3	Werden geeignete Arten von Wahrscheinlichkeitsverteilungen für die Risikoquantifizierung genutzt (beispielsweise Dreiecksverteilung mit Mindestwert, wahrscheinlichstem Wert und Maximalwert) für das Kostenwachstum?			
3.4	Werden die existierenden Risikobewältigungsmaßnahmen im Rahmen der Risikoquantifizierung berücksichtigt?			
3.5	Gibt es ein geeignetes und einheitlich verwendetes Risikomaß, um einzelne Risiken quantitativ vergleichen und priorisieren zu können?			
3.6	Ist klar erläutert, was eine „bestandsgefährdende Entwicklung" (§ 91 AktG) ist (z. B. Verletzung von Covenants)?			
3.7	Wird eine Risikoaggregation regelmäßig durchgeführt, um bestandsgefährdende Entwicklungen aus Kombinationseffekten von Einzelrisiken zu erkennen?			
3.8	Sind die Wege für ein effizientes internes Risikoreporting und die Risikokommunikation (mit Bezug auf geeignete Schwellenwerte) festgelegt?			
3.9	Gibt es eine adäquate Verfahrensweise bzgl. „Ad-hoc"-Meldungen zu Risiken und ihre Wirkungen?			
3.10	Werden Unternehmensführung und Aufsichtsrat regelmäßig über Einzelrisiken und Gesamtumfang der Risiken informiert?			

Das Ziel auf der vierten Entwicklungsstufe ist es, Risikomanagement, Controlling und Strategieentwicklung zu verbinden, um ein „Robustes Unternehmen" zu realisieren, das so flexibel und beweglich ist, sich auch an unvorhergesehene Entwicklungen anpassen zu können. Die wichtigsten Kriterien zu Stufe 4 sind in Tab. 4.2 zusammen gefasst.

Tab. 4.2 Kriterien Stufe 4

4	Ökonomisches Risikomanagement (entscheidungsunterstützend)	Erfüllt	Teilweise erfüllt	Nicht erfüllt
4.1	Werden Chancen und Gefahren (Risiken) mit Bezug auf Planwerte betrachtet (Risiken als wesentliche Ursache einer Planabweichung)?			
4.2	Werden auch strategische Risiken erfasst und in der Unternehmensführung regelmäßig diskutiert, insbesondere Gefährdungen der Erfolgspotenziale?			
4.3	Sind bestehende (Management-) Systeme, beispielsweise Controlling, Treasury, QM, in die Risikoanalyse eingebunden?			
4.4	Wird die Risikoaggregation im Kontext der Planung durchgeführt, werden also Risiken den Positionen zugeordnet, bei denen sie Abweichungen auslösen können?			
4.5	Liegt eine integrierte Planung zugrunde, werden also neben einer Erfolgsrechnung auch Bilanz und Cashflow betrachtet?			
4.6	Werden Einsatz und Nutzen von Risikobewältigungsmaßnahmen beurteilt und überwacht?			
4.7	Ist eine zur Unternehmensstrategie konsistente Risikopolitik formuliert, die den Rahmen von Risikomanagement und risikoorientierter Unternehmensführung beschreibt?			
4.8	Verfügt der Risikomanager über die notwendigen Kompetenzen, Ressourcen und Rechte (beispielsweise Informationsrecht über alle potenziell risikobehafteten Vorgänge wie beispielsweise geplante Akquisitionen oder Investitionen)?			
4.9	Werden die Implikationen der Risikoanalysen für Finanzierungsstruktur (Eigenkapitalbedarf) und angemessene Fremdkapitalkonditionen ausgewertet?			
4.10	Wird Risiko wird im Rahmen der Strategiefindung als wesentlicher Aspekt bei der Auswahl strategischer Handlungsoptionen betrachtet (Ziel: Robuste Strategie)?			

Stufe 5: Integriertes wertorientiertes Risikomanagement

Der Risikomanagementprozess und die unterstützenden Instrumente (z. B. IT) sind mit den operativen Systemen des Unternehmens verbunden. Planung wird im Sinne einer „stochastischen Planung" (stochastische Budgetierung) durchgeführt, d. h. alle Planungen können durch Zuordnung von Risiken beschrieben werden ("Bandbreitenplanung"). Damit wird die Beurteilung der Planungssicherheit aller wesentlichen Planungspositionen möglich. Risikoinformationen in Unternehmen können genutzt werden, um den Wertbeitrag (Erfolgsmaßstab aus Verdichtung von erwarteten Erträgen und Risiken) zu berechnen, was eine am Unternehmenswert orientierte Optimierung der Risikobewältigung ermöglicht. Das Rating wird als risikoabhängiger Werttreiber verstanden, der langfristig etwa wie eine „negative Wachstumsrate" auf den Unternehmenswert wirkt („Insolvenzrisiko"). Der Kapitalkostensatz, der die risikogerechte Mindestanforderung an die erwartete Rendite ausdrückt, wird aus dem Ertragsrisiko (Cashflow-Volatilität), einem Ergebnis der Risikoaggregation, abgeleitet (und nicht mehr aus historischen Aktienrenditeschwankungen, wie meist beim Beta-Faktor des Capital Asset Pricing Models). Eine „robuste Strategie" wird umgesetzt. Tab. 4.3 zeigt die wichtigsten Kriterien, die in Stufe 5 zusätzlich zu erfüllen sind.

Tab. 4.3 Kriterien Stufe 5

5	Integriertes wertorientiertes Risikomanagement	Erfüllt	Teilweise erfüllt	Nicht erfüllt
5.1	Existieren Instrumente zur quantitativen Bewertung des ökonomischen Mehrwerts von Maßnahmen der Risikobewältigung (beispielsweise Total Cost of Risk bei Hedging, Versicherungen)?			
5.2	Sind Risikopolitik und Risikokultur im Unternehmen erkennbar?			
5.3	Werden alle Synergien zwischen Risikomanagement und anderen Managementsystemen, beispielsweise Controlling, Planung und Qualitätsmanagement, für die Datenbeschaffung und Analyse von Risiken genutzt?			
5.4	Werden Kapitalkosten risikogerecht aus der Risikosituation (Ertragsrisiko aus Risikoaggregation) abgeleitet?			
5.5	Werden Simulationsergebnisse adressatengerecht zur Unterstützung von Managemententscheidungen aufbereitet?			

Stufe 6: Embedded Risikomanagement (holistisch)

Bei allen wesentlichen Entscheidungen, nicht nur Vorstandsentscheidungen, erfolgt ein Abwägen erwarteter Erträge und Risiken bei der Entscheidungsvorbereitung. Sämtliche wichtigen strategischen und operativen Entscheidungen werden dabei durch Bewertung am risikogerechten Ertragswert beurteilt. Jedes Management wird wegen der unsicheren Auswirkungen von Entscheidungen und Handlungen auch als Risikomanagement aufgefasst. Eine ausgeprägte Risikokultur führt dazu, dass sich entsprechend alle mit den mit ihrer Arbeit verbundenen Chancen und Gefahren (Risiken) sach- und stufengerecht befassen.

Fazit und Implikationen

Nutzen, Status und Probleme des Risikomanagements deutscher Unternehmen kann man zunächst durch folgende Thesen zusammenfassen, die unmittelbar Implikationen für die Prüfung von Risikomanagementsystemen haben:

1. Der potenzielle Mehrwert des Risikomanagements ergibt sich durch Krisenprävention, Reduzierung von Risikokosten (inklusive ratingabhängiger Finanzierungskosten), durch die Absicherung gegenüber persönlichen Haftungsrisiken und insbesondere ein Abwägen erwarteter Erträge und Risiken bei der Vorbereitung wichtiger unternehmerischer Entscheidungen.
2. Eine „bestandsgefährdende Entwicklung" gemäß § 91 Abs. 2 AktG frühzeitig zu erkennen, setzt voraus, diese eindeutig zu definieren (mit Bezug auf die durch das Rating ausgedrückte Insolvenzwahrscheinlichkeit) und die Kombinationseffekte von Risiken auszuwerten.
3. Der ökonomische Nutzen der Risikomanagementsysteme deutscher Unternehmen ist empirisch belegbar, aber oft noch deutlich verbesserungsfähig, weil die generierten Risikoinformationen gerade bei besonders wesentlichen unternehmerischen Entscheidungen nicht adäquat genutzt werden. Die „Managementrisiken", die sich aus Schwächen der betriebswirtschaftlichen Methoden der Entscheidungsvorbereitung und der nicht adäquaten Beachtung von Risiken ergeben, werden unzureichend berücksichtigt.
4. Risiken werden noch nicht durchgängig als Ursachen für Planabweichungen aufgefasst, was eine Beschäftigung mit Chancen und Gefahren erfordert. Die Verknüpfung von Risikomanagement und Controlling ist daher in vielen Unternehmen unzureichend, insbesondere werden unsichere Planannahmen und eingetretene Planabweichungen noch nicht als Manifestation eines

© Springer Fachmedien Wiesbaden GmbH, ein Teil von Springer Nature 2019   43
W. Gleißner et al., *Prüfung und Weiterentwicklung*
von Risikomanagementsystemen, essentials,
https://doi.org/10.1007/978-3-658-25567-1_5

Risikos und damit das Risikomanagement noch nicht als Methode zur Verbesserung der Planungssicherheit aufgefasst.

5. Die notwendige Verknüpfung von Risikomanagement und Rating ist unzureichend umgesetzt, weil viele Unternehmen noch keine risikoabhängigen Stress-Szenarien zur Prognose des zukünftigen Ratings als Krisenfrühwarnindikator berechnen (Refinanzierungsrisiko).

6. In vielen Unternehmen fehlen noch immer die notwendigen Risikoaggregationsmodelle für die Bestimmung des Gesamtrisikoumfangs (mittels Monte-Carlo-Simulation), z. B. für die Berechnung von Eigenkapitalbedarf, Ratingprognosen oder risikogerechter Kapitalkostensätze. Daher können „bestandsgefährdende" Entwicklungen durch die Kombination mehrerer Einzelrisiken nicht erkannt werden. Damit bleibt auch die „Going-Concern-Prämisse" gemäß § 252 Abs. 1 Nr. 2 HGB zum Teil problematisch.

7. Die relativ (zu) geringe Bedeutung interner Risikoanalysen z. B. bei der Bewertung von Strategien oder Investitionen resultiert daher, dass entgegen dem empirischen Forschungsstand bei einer „wertorientierten" Unternehmenssteuerung noch immer historische Aktienrenditeschwankungen (Beta-Faktor) – und nicht aggregierte Ertragsrisiken – Grundlage für die Berechnung von Renditeanforderungen (Kapitalkosten) sind (Verwechslung von kapitalmarkt- und wertorientierter Unternehmensführung). Eine quantitative Risikoanalyse ist zudem nötig, um von der Managementplanung zu Erwartungswerten der Erträge oder Cashflows zu gelangen, die Grundlage einer Unternehmensbewertung sind (vgl. die Forderung aus dem IDW S 1).

8. Im Hinblick auf die Prüfung des Risikomanagements existieren einerseits gesetzliche Anforderungen durch § 317 Abs. 4 HGB, aber allein schon infolge des risikoorientierten Prüfungsansatzes ist es für den Prüfer unerlässlich sich mit dem Risikomanagement des zu prüfenden Unternehmens auseinanderzusetzen. Darüber hinaus ist dies auch im Rahmen der Prüfung der Going-Concern-Prämisse aber auch für weitere risikobezogene Aspekte der Prüfung einzelner Posten des Jahresabschlusses und des Lageberichts (insbesondere im Bereich von Impairment Tests, Ansatz von Rückstellungen, Risikobericht etc.) von zentraler Bedeutung. Insofern sollte sich der Abschlussprüfer intensiv mit dem unternehmerischen Risikomanagement beschäftigen, damit er eine hinreichende Prüfungssicherheit erlangen kann und im möglichen Regressfall geschützt ist.

9. Auch das zu prüfenden Unternehmen sollte ein Interesse an der Beurteilung des Risikomanagements durch den Abschlussprüfer haben, da hiermit mögliche Schwächen in der Aufbau- und Ablauforganisation des Risikomanagements aufgedeckt werden können. Mit diesen Informationen kann das

Unternehmen seine Organisation verbessern und Prozesse optimieren, womit ggf. Bestandsgefährdungen vermieden werden können.

10. Mindestens ebenso wichtig wie die Prüfung durch den Abschlussprüfer ist die Prüfung des Risikomanagements durch die interne Revision oder an dessen Stelle durch einen auf Risikomanagement spezialisierten Berater. Hier zu empfehlen ist eine Orientierung am neuen DIIR Revisionsstandard Nr. 2 zur Prüfung von Risikomanagementsystemen, dessen zentrale Prüfungsfelder die in diesem Buch erläuterten zentralen Anforderungen an ein Risikomanagement abdecken.

Der IDW PS 340 sollte unter Berücksichtigung der oben genannten Thesen überarbeitet werden. So sollte neben der Betrachtung von Prozessen und Organisation insbesondere auch die betriebswirtschaftlichen Methoden klarer Prüfungsgegenstand werden (speziell die Risikoaggregationsverfahren, da Risikoaggregation nur mittels Monte-Carlo-Simulation möglich ist). Zu prüfen ist zudem, ob nachvollziehbar schon bei der Vorbereitung unternehmerischer Entscheidungen Risikoanalysen stattfinden, die durch die Entscheidung zu erwartende Änderungen des Risikoumfangs anzeigen. Zudem ist eine Klarstellung sinnvoll, die besagt, dass Prüfungsgegenstand alle Managementsysteme sind, die sich mit Chancen und Gefahren (Risiken) befassen, d. h. insbesondere auch das Controlling. Wer heute – als Mitarbeiter von interner Revision, externem Wirtschaftsprüfer oder Risikomanagement-Berater – das Risikomanagementsystem eines Unternehmens prüfen möchte, findet insbesondere mit dem neuen Prüfungsstandard des Deutschen Instituts für interne Revision (DIIR Nr. 2) eine gute Grundlage. Er befasst sich mit der Prüfung von Organisationen und Prozessen einerseits und den betriebswirtschaftlichen Methoden (z. B. zur Risikoquantifizierung und Risikoaggregation) andererseits. Vor allem werden erstmalig auch die Implikationen aus § 93 AktG im Hinblick auf die Einbeziehung des Risikomanagements in die Vorbereitung „unternehmerischer Entscheidungen" aufgegriffen („entscheidungsorientiertes Risikomanagement"). Die in diesem Essential kompakt dargestellten Methoden für eine fokussierte Prüfung des Risikomanagements weisen entsprechend die größte Nähe zum DIIR Nr. 2 auf. Die Zielsetzung einer Prüfung des Risikomanagements sollte dabei grundsätzlich darin gesehen werden, konkrete Verbesserungspotenziale im Hinblick auf die Erfüllung gesetzlicher Mindestanforderungen (aus §§ 91 und 93 AktG) und zur Verbesserung des ökonomischen Nutzens des Risikomanagements aufzuzeigen.

Was Sie aus diesem *essential* mitnehmen können

- Bei der Prüfung des Risikomanagementsystems eines Unternehmens ist insbesondere zu untersuchen, ob dieses geeignet ist, mögliche „bestandsgefährdende Entwicklungen" (§ 91 AktG) früh zu enttarnen.
- Da „bestandsgefährdende Entwicklungen" meist aus Kombinationseffekten von Einzelrisiken resultieren, ist eine Risikoaggregation erforderlich und die hier eingesetzten Verfahren sollten Prüfungsschwerpunkt sein (siehe auch IDW PS 340).
- Bei der Prüfung des Risikomanagements sollte auch untersucht werden, ob bei Vorbereitung „unternehmerischer Entscheidungen" (§ 93 AktG) „angemessene Informationen" vorliegen, insbesondere also Ergebnisse einer entscheidungsorientierten Risikoanalyse – dafür gibt es bisher keine Prüfungsstandards des IDW.

© Springer Fachmedien Wiesbaden GmbH, ein Teil von Springer Nature 2019   47
W. Gleißner et al., *Prüfung und Weiterentwicklung
von Risikomanagementsystemen,* essentials,
https://doi.org/10.1007/978-3-658-25567-1